© 2021 Aurélien Calonne

Couverture : Portrait de Malatesta Baglioni, Parmigianino, 1537

ISBN : 978-2-9554300-3-3

Dépôt légal : mars 2021

OPERA NOVA

DE ACHILLE MAROZZO BOLOGNESE,

MAESTRE GENERALE DE L'ARTE DE L'ARMI.

1536

Transcription et traduction par Aurélien Calonne

ACHILLE MAROZZO

OPERA NOVA

TABLE DES MATIÈRES

Opera Nova - Livre 4	7
Pertuisane et rondache	11
Pertuisane seule	25
Pique et Lance	39
L'épieu	47
La Ronconne	57
Ronconne contre armes d'hast	63
Opera Nova - Livre 5	65
Glossaire	114
Les gardes	115
Schéma des déplacements	128
Schéma des frappes	130
Notes sur la transcription	132
Notes sur la traduction	133
Remerciements	134
A propos de l'auteur	135

ACHILLE MAROZZO

SEGUITA EL QUARTO LIBRO ELQUALE TRATTA DE L'ARME INASTATE.

OPERA NOVA

SUIT LE LIVRE QUATRE LEQUEL TRAITE DES ARMES D'HAST.

ACHILLE MAROZZO

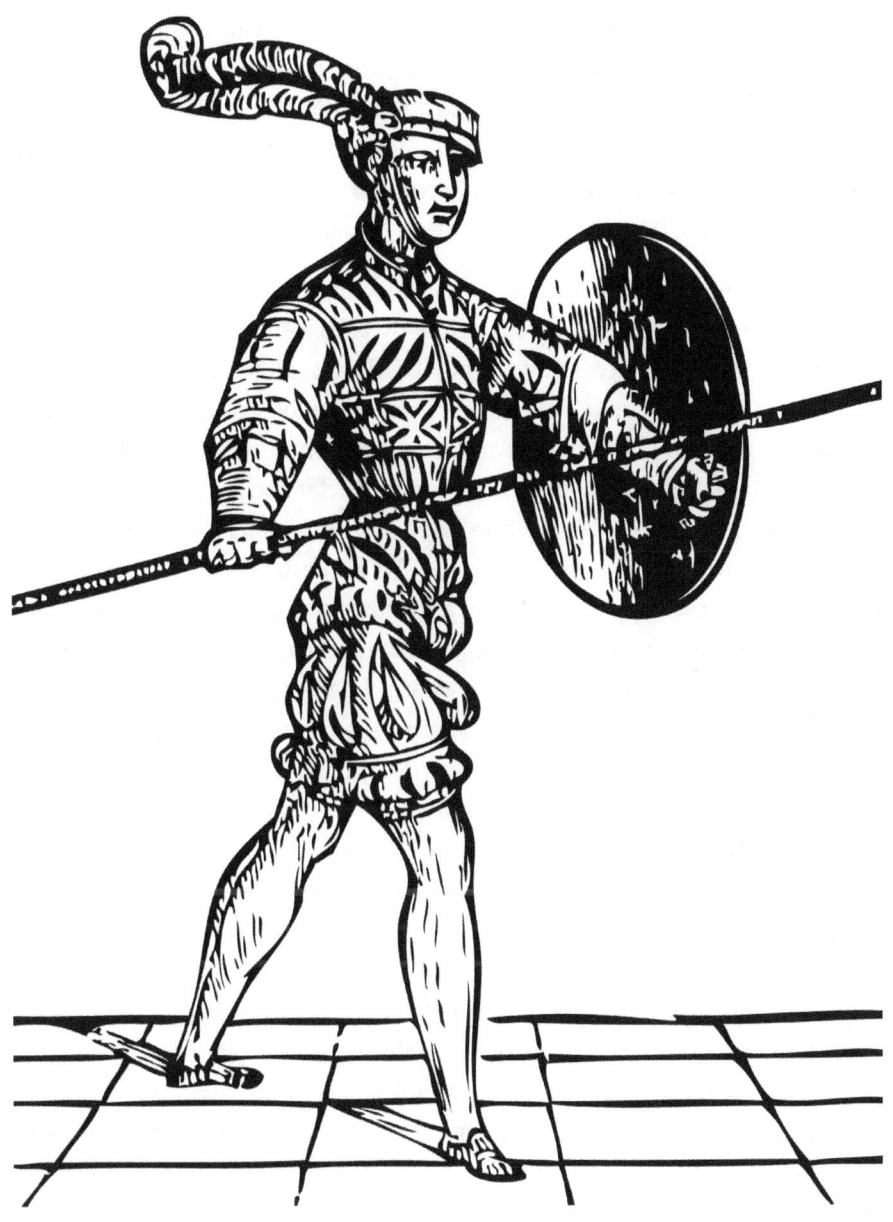

Cap. 179. Dello abatimento de Partesana, e Rotella da solo a solo.

Qui me sono disposto decomponere, in questo uno combattere novo attovato di fantasia bona, de Partesana, e Rotella insieme contra a unaltra sopradetta, e impero per questo comenciaremo al nome de Dio, adarli principio alla prima parte di questo sopradetto, ma per tanto tu metterai amente a tutto quello ch'io diro, perche se lacadesse a insegnarlo a qualch'uno, che havesse da combattere per sua differentia,

in prima tu pigliarai la Partesana in mano, e darala a lui al nome de Dio, e del Cavaliere Misere.s.Giorgio patrone de tutti li homini che essercitano larte militare, e dato che li haverai la ditta Partesana in la mano sua dritta, tu li darai in la mancha la rotella, e fatto che tu haverai tutto questo, tu el farai assettare con la sua gamba mancha inanci ben polito, e la Partesana tu glie la farai tenere in mano, in foggia di lanciarla, ma con la detta Rotella, voglio che se le possibile che lui tenga coperto la mano dritta che nimico non la veda per niente, e digli a questo modo per utilita sua che lui debia essere paciente : cioe aspettare el nimico che tire prima di lui, perche sapendo tu che con la partesana, e rotella sopradetta non se puo fare altre botte che ponta, o desopra, o desotto, e colui che fara altre botte se non ponta senza ragione seranno, e haveranno pocha praticha, e impero io voglio comenciare la prima parte, & voglio parlare fine alla finita sempre con te, ma non con alcuni altri, e faro conto che sie tu quello che habbi da combattere.

Prima parte.

Hora essendo tu da uno canto del stechato, el tuo inimico da laltro, fa che se le possibile, che tu pigli dalato del ponente, perche le migliore che non e levante, a ben che gli ne assai che pigliano el levante per rispetto del Sole che non li daga in la facia, ma sappi che pigliando tu ponente, tu balcerai contra el tuo nimico da labanda tua dritta, e del nimico alla sua banda mancha, e a questo modo tu haverai guadagnato il sole, e li t'assettarai contra alui con la gamba mancha inanci, e la rotella tua ben distesa per lo dritto del sopradetto, e li ti glia costerai sempre

Chap. 179. Du combat en un contre un à la pertuisane et rondache.

Ici, je me suis disposé à composer un nouveau combat en trouvant de bonnes idées sur la pertuisane et la rondache ensemble contre ces mêmes armes. Maintenant, nous allons au nom de Dieu donner le début de cette première partie et tu garderas à l'esprit tout ce que je dirai au cas où il t'arrive de devoir l'enseigner à quelqu'un qui doit combattre pour un différend.

En premier, tu prendras la pertuisane en main et tu la lui donneras au nom de Dieu et du Chevalier Saint George, patron de tous les hommes qui exercent l'art militaire. Lui ayant mis celle-ci dans sa main droite, tu lui mettras la rondache dans la gauche. Tout cela fait, tu le feras s'arranger avec sa jambe gauche devant bien proprement et tu lui feras tenir la pertuisane en main comme pour la lancer. Et s'il est possible, je veux qu'il tienne sa main droite couverte avec la rondache pour que l'ennemi ne puisse nullement la voir. Puis dis-lui que de cette façon il doit être patient pour son bienfait, c'est-à-dire qu'il doit attendre que l'ennemi l'attaque en premier. Sachant qu'avec la pertuisane et la rondache il ne peut pas se faire d'autre coup que des *punte*, ou au-dessus, ou en dessous, alors tous ceux qui feront d'autres coups que ceux-ci seront sans raison et auront peu de pratique. Maintenant, je veux commencer la première partie voulant tout le temps parler avec toi jusqu'à la fin et non avec un autre, je vais te raconter comment tu dois combattre.

Première partie.

Maintenant, toi étant dans un coin du champ et ton ennemi dans l'autre, fais s'il est possible que tu prennes le côté du ponant, car il est meilleur que le levant bien qu'il y en ait beaucoup qui prennent le levant afin que le soleil ne leur donne pas dans le visage. Mais sache qu'en prenant le ponant, tu sauteras[1] contre ton ennemi à ton côté droit, donc au côté gauche de celui-ci, et de cette façon tu auras gagné le soleil. Là, tu t'arrangeras contre lui avec la jambe gauche devant et la rondache bien

---

1   *balcerai* : certainement une ancienne forme de *balzare* : bondir, sauter

acociando el pie dritto apresso el mancho, hora guarda, che acostato, che tu li serai per niente non li tirarre de botta alcuna, perche sapendo tu che disopra te dissi, ch'io voleva che tu fussi paciente, ma preponiamo che lui sia agente, e tu paciente maxime che lui te caciasse una ponta, o d'alto, o da basso, io voglio che in el tirarre chel fara la detta ponta, tu tirerai el pie mancho apresso el dritto per modo che la ponta sua non te offendera, e tu in uno medesimo tempo crescerai della gamba tua dritta forte inanci un poco verso le sue parte stanche, & si li darai alui de una ponta con la Partesana tua in la facia, o vorrai darli in la mano della Partesana, o in lo bracio suo, & per tuo reparo tu te tirerai dui, o tri passi indrieto, e si te assettarai in quella medesima Guardia de prima.

Seconda parte.

Tu sai che in la prima parte tu sei rimaso, con la gamba mancha inanci, e pero tu aticerai el tuo nimico con certe punte finte, dagandoli tu un poco de discoperto con la Rotela dal lato disopra guardando bene alla ponta della partesana sua, perche tragandote lui al ditto discoperto de ponta, tu la urtera con la Rotella infuora. Ma con la Partesata tua, tu li darai in la facia, o in la gamba, che lui havera inanci con la ponta, passando in dare de tale ponta della tua gamba dritta forte inanci, e la mancha seguendo al luoco suo per tuo reparo tu te tirerai dui, o tri passi in drieto, e si te assetterai, come di sopra dissi.

Tertia parte.

Hora essendo rimaso tu con la gamba mancha inanci, de qui voglio che tu distendi forte la Rotella tua inverso al tuo inimico, e voglio che senza passare de piede alcuno che tu li daghi de una Partesanata in la gamba, laquale havera lui inanci, e questo facio, perche lui habia cagion de renderte risposta, o da alto, o da basso, e sappi che respondendoti de una ponta per la faza, o per la gamba, tu passarai della tua gamba dritta verso le parte drite del nimico, & urterai in tal passare con lasta della partesana tua in la botta sua che lui tirera inverso le tue perte manche,

tendue vers celui-ci. Tu t'approcheras alors de lui en amenant toujours le pied droit près du gauche. Maintenant, regarde qu'étant proche, tu ne lui tireras aucune botte parce que tu sais que je t'ai dit au-dessus que je voulais que tu sois patient. Ainsi supposons que lui soit agent et toi patient, généralement il te poussera une *punta* ou en haut ou en bas. Je veux que dans cette attaque tu tires le pied gauche auprès du droit de sorte que sa *punta* ne t'offense point. Puis dans un même temps, tu avanceras de ta jambe droite fortement devant un peu vers son côté gauche et tu lui donneras une *punta* avec ta pertuisane soit à la face soit à sa main ou à son bras de pertuisane. Pour te couvrir, tu te retireras de deux ou trois pas en arrière et tu t'arrangeras alors dans la même garde qu'au début.

Seconde partie.

Tu sais que dans la première partie tu es resté avec la jambe gauche devant alors tu provoqueras ton ennemi avec quelques feintes de *punta* en lui donnant une petite ouverture à ton côté supérieur avec la rondache, le tout en regardant bien la pointe de sa pertuisane. Parce que lui t'attaquant à cette ouverture d'une *punta*, tu le frapperas avec ta rondache vers l'extérieur et tu lui donneras avec ta pertuisane dans la face ou dans la jambe qu'il aura devant en passant fortement devant de ta jambe droite dans cette frappe de *punta*, et la gauche suivra à sa place. Pour te couvrir, tu te retireras de deux ou trois pas en arrière et alors tu t'arrangeras comme dit ci-dessus.

Troisième partie.

Maintenant, étant resté avec ta jambe gauche devant, de là je veux que tu tendes fortement ta rondache vers ton ennemi et que sans bouger des pieds tu lui donnes un coup de pertuisane dans la jambe qu'il aura devant. Cela est fait pour lui donner une raison de te faire une riposte soit en haut soit en bas. Sache que quand il te répondra d'une *punta* au visage ou à la jambe, tu passeras avec ta jambe droite vers son côté droit et dans ce pas tu frapperas avec l'hast de ta pertuisane dans la botte qu'il te tire vers ton côté gauche. Tu lui donneras alors une *punta roversa* dans

& sili darai de una ponta alla roversa intel petto tra la rotella sua e la Partesana. Ma sappi che quando tu farai tale parato bisogna che la ponta della sopraditta sia volta verso terra, e per tuo areparare tu butterai la gamba dritta de drieto dalla mancha, e la mancha de drieto la dritta, e si aresterai con la detta dritta inanci ben polito e galante.

Quarta parte.

Tu sai che in nella parte precedente tu rimanisti con la gamba dritta inanci, de qui voglio che tu strengi el tuo nimico forte tragandoli sempre alla mano sua, o bracio dritto dalla Partesana, e fa che sempre el pie mancho caci el dritto alinanci ben stretto con la Partesana tua ella Rotella insieme, ma se lui in questo tempo te tirasse de botta alcuna urtala via con la Rotella tua, e dalli de una ponta de Partesana in tel suo pie che lui havera inanci pirlando in tal urtare, e dare de ponta in sul pie dritto el mancho li andara de drieto, ma sappi che se lui caciasse la Partesana sua tanto forte in la Rotella tua che lui non la potesse havere tu alargarai la mano tua mancha, e lassarai cadere la Rotella in terra, & con la detta mancha, e la dritta tu pigliarai la partesana manescamente, e alhora tu te cargerai forte adosso al tuo inimico, per modo che con poca fatica tu li darai percossa.

Quinta parte.

Ma sappi che sel nimicho non caciasse la detta Partesana sua in la rotella, e anchora tu non lassarai cadere la sopradetta, e voglio che essendo tutti dui equale de armi tu te metterai con la tua gamba dritta inanci, e li darai el tuo fianco dritto descoperto altuo nimico con la Partesana tua volta con la ponta a terra, e questo facio, perche lui habia causa de tirarte al ditto fianco dritto, sapendo tu che tragandoti lui al fianco sopradetto, tu butterai la gamba mancha forte inanci verso le parte dritte del nimico, e si urterai in tal passare la botta sua con la Partesana tua infuora dal tuo lato dritto, e in buttare de detta gamba, e parare de tal botta che lui tirara in uno medesimo tempo; tu cacerai la Rotella tua in tel suo bracio dritto, per modo che tu li darai de una

la poitrine entre sa rondache et sa pertuisane. Et sache que quand tu feras cette parade, il sera nécessaire que la pointe de la pertuisane soit tournée vers le sol. Pour te couvrir, tu jetteras la jambe droite derrière la gauche et la gauche derrière la droite. Tu t'arrangeras alors avec cette jambe droite devant bien proprement et élégamment.

Quatrième partie.

Tu sais que dans la partie précédente tu es resté avec la jambe droite devant, je veux que de là tu serres ton ennemi fortement l'attaquant toujours à sa main ou à son bras de pertuisane. Et fais que toujours le pied gauche chasse le droit vers l'avant, en serrant bien ta pertuisane et ta rondache ensemble. Si lui dans ce temps te tire une botte quelconque, tu la frapperas avec ta rondache et tu lui donneras une *punta* de la pertuisane dans le pied qu'il aura devant en tournant dans cette parade et dans cette frappe sur le pied droit, le pied gauche allant derrière. Et sache que s'il te pousse sa pertuisane si fortement dans ta rondache qu'il ne puisse pas la reprendre, tu écartes ta main gauche et tu laisses tomber la rondache par terre pour prendre ta pertuisane à deux mains, tu chargeras alors fortement contre ton ennemi de sorte qu'avec peu de fatigue tu lui donneras une percussion.

Cinquième partie.

Mais sache que si l'ennemi ne pousse pas sa pertuisane dans ta rondache, alors tu ne laisseras pas tomber celle-ci. Étant tous les deux égaux en armes, je veux que tu te mettes avec ta jambe droite devant et tu donneras à ton ennemi une ouverture à ton flanc droit avec la pointe de ta pertuisane tournée vers le sol, cela est fait pour qu'il ait une raison de t'attaquer à ce flanc droit. Quand il tirera à ce flanc, tu jetteras ta jambe gauche fortement devant vers le côté droit de l'ennemi et dans ce déplacement tu frapperas sa botte avec ta pertuisane à l'extérieur à ton côté droit. Et dans ce pas et cette parade de la botte qu'il te tire, tu pousseras ta rondache dans son bras droit de sorte que tu lui donneras une *punta ritta* de la main dans la poitrine. De cette façon, il ne pourra

ponta dritta manesca in tel petto, in modo che lui non potra movere la Partesana sua, perche tu con la Rotella tu li harai ligata la sopra detta, e non potra parare la tua ponta dritta, e fatto che tu haverai questo tu livarai uno balzo indrieto, e si te assetterai con il pie mancho inanci.

Sesta parte.

Tu sai che in la quarta parte di questa tu rimanesti con la gamba mancha inanci, ma de qui te daro li feriti, e li parati della Partesana, e Rotella, o voi essere agiente, o paciente, se tu volesse essere paciente tu darai la detta gamba mancha descoperta forte al tuo inimico guardando bene tu sempre a la man sua che te puo offendere, overo alla ponta sopradetta, perche tirandote lui alla detta gamba mancha, tu urterai con lasta della Partesana tua in lasta sua verso le tue parte manche passando in tal urtare della tua gamba dritta inanci uno poco per traverso verso le sue prate dritte, & a questo modo tu haverai parato la botta del sopradetto, e a uno tempo medesimo che tu haverai passato, e parato, tu li darai a lui de una ponta roversa intel petto tra la Rotella sua, e la partesana, non te movendo de li, perche se lui te tirasse a quella banda dritta che tu haverai inanci voglio che tu daghi de l'asta tua in la Partesana del nimico de fuora dalle tue parte dritte, & si li darai a lui in tal tempo una ponta dritta in tel petto, o in la pancia passando in tal parare, & ferire della tua gamba mancha inverso alle parte dritte del nimico distendendo la Rotella tua forte inanci per lo dritto del sopradetto non te movendo, perche sel te paresse di fermare in quella Guardia tu serai cossi bono come lui in parare, & anchora in ferire, perche quello sie el suo naturale de paradi, & de feriti tenendola in mano come disopra dissi.

plus bouger sa pertuisane parce que tu lui auras bloqué celle-ci avec ta rondache, et il ne pourra pas parer ta *punta ritta*. Une fois cela fait, tu feras un bond en arrière et tu t'arrangeras avec le pied gauche devant.

Sixième partie.

Tu sais que dans la quatrième partie tu es resté avec la jambe gauche devant, je vais alors te donner les frappes et les parades de la pertuisane avec la rondache étant agent ou patient depuis cette position. Si tu veux être patient, tu découvriras fortement ta jambe gauche pour ton ennemi en regardant bien toujours sa main qui peut t'offenser, ou bien la pointe de son arme. Parce que s'il te tire à cette jambe gauche, tu frapperas avec l'hast de ta pertuisane dans son hast vers ton côté gauche en passant dans cette parade de ta jambe droite devant et un peu de travers vers son côté droit, de cette façon tu auras paré sa botte. Ayant passé et paré dans un même temps, tu lui donneras une *punta roversa* dans la poitrine entre sa rondache et sa pertuisane. Tu ne bougeras pas de là parce que si lui t'attaque à ce côté droit que tu auras devant, je veux que tu donnes de ton hast dans sa pertuisane vers l'extérieur à ton côté droit. Tu lui donneras alors dans ce temps une *punta ritta* à la poitrine ou au ventre en passant dans cette parade-riposte de ta jambe gauche vers le côté droit de l'ennemi, tout en étendant fortement ta rondache devant vers celui-ci. Tu ne bougeras plus parce que si cela te plaît de t'arrêter dans cette garde, tu seras aussi bon que lui autant en parade qu'en attaque parce qu'il est dans la nature de celle-ci de parer et de frapper en tenant les armes en main comme j'ai dit ci-dessus.

Settima parte.

Ma sappi, che se tu non volessi tenere la detta Partesana tua in atto de lanciarla, tu la puoi mutare con una infinta di lanciarla per disopra, e fare una cambiata, come te stato insegnato, per modo che tu laverai sotto mano, e questo non e anchora lui brutto tenere, perche havendola a questo modo tu la puoi pigliare con tutte due le mane: cioe tu puoi buttare la mano tua mancha alla ditta dinanci, non lassando gia la Rotella tua, e la mandritta tu la puoi pigliare in drieto apresso el calzo, ma le ben vero che pigliandola a questo modo bisognaria, che la imbraciatura della Rotella fusse inchiodata da capo, perche tu la teneresti meglio in mano la sopradetta Partesana, ma anchora te dico, che essendo tu alle mani pure come disopra te ho detto' che tu non haveresse desavantagio alcuno abuttare via la Rotella tua, e pigliare la Partesana con tutte due le mane manescamente, e serrarte a questo modo adosso al tuo inimico, e sappi che io credo veramente che tu haverai uno grande vantagio, e per questo respetto tu li potresti dare a lui bono conto, siche notarai.

Ottava parte.

Hora guarda, che essendo tu con la Rotella imbraciata, & con la Partesana in mano e che tu t'abattesse in scaramuza, o vero contra uno che te lanciasse Partesana alcune, o vero altre armi, voglio che tu sappi, che la forcia de tenere la partesana tua in fuoggia, o in atto de lanciarla ponendote con la tua gamba mancha inanci scontro al tuo inimico, cossi in scaramucia come da solo a solo, perche quando el te fusse lanciato Partesana alcuna, o altre armi, tu butterai la tua gamba dritta inanci per traverso verso le tue parte dritte, e si li darai de l'asta tua dentro in la partesana sua, o in altre arme, che te fusse lanciate, e si la butterai via verso le tue parte manche, el bracio dalla rotella tua tu el tignirai pigato un puoco in verso el petto, e fa che in tal passare che tu farai della detta gamba dritta, che la mancha li seguita per de drieto, non te movendo perche sel te fusse lanciato da quella parte dritta, tu butterai la gamba mancha inverso le parte dritte del nimico, e in tal passare tu darai della Partesana tua in larme sua, che te sera lanciata alla roversa infuora verso le tue parte dritte, & a questo modo la non

Septième partie.

Sache que si tu ne veux pas tenir la pertuisane à la façon d'une lance, tu peux la déplacer en feintant de la lancer par-dessus et en faisant un changement comme je t'ai déjà enseigné de sorte que tu l'aies sous la main. Et cela n'est même pas une mauvaise prise, parce que l'ayant de cette façon tu peux la prendre avec tes deux mains, c'est-à-dire que tu peux jeter ta main gauche à l'avant de celle-ci en n'abandonnant pas ta rondache et tu peux mettre la main droite à l'arrière près du talon. Mais il est bien vrai qu'en la prenant de cette façon, il sera nécessaire que l'attache[2] de la rondache soit accrochée à la tête parce qu'alors tu la tiendras mieux en main. Je te dis également qu'en étant avec les mains bien comme je t'ai dit ci-avant, que tu n'auras aucun désavantage à jeter ta rondache et à prendre la pertuisane avec tes deux mains et à t'opposer de cette façon à ton ennemi. Et sache que je crois vraiment que tu auras un grand avantage et par ce respect tu lui donneras bon compte, alors prends note.

Huitième partie.

Maintenant, regarde qu'étant avec la rondache attachée et la pertuisane en main, et que tombant dans une escarmouche ou alors contre quelqu'un qui te lance une pertuisane ou toute autre arme, je veux que tu connaisses la vigueur de tenir ta pertuisane de cette façon ou à la façon de la lancer, te plaçant avec ta jambe gauche devant à l'encontre de ton ennemi, autant dans une escarmouche qu'en un contre un. Parce que si l'on te lance une pertuisane ou une autre arme, tu jetteras ta jambe droite devant de travers vers ton côté droit, et tu donneras alors de ton hast dans sa pertuisane, ou dans toute autre arme qu'il te lance, ainsi tu la projetteras vers ton côté gauche, tu tiendras le bras de la rondache un peu plié vers la poitrine et tu feras que dans ce déplacement ta jambe gauche suive la droite par derrière. Tu ne bougeras pas au cas où on t'en lance une au côté droit, tu jetteras alors la jambe gauche vers le côté droit de l'ennemi et dans ce pas tu donneras de ta pertuisane dans l'arme qu'il t'aura

---

2   *imbracciatura* : l'embrassement dans le sens de la saisie avec le bras, l'accroche ou l'attache d'un bouclier.

t'havera fatto dispiacere alcuno, e si serai tornato con la tua gamba mancha inanci, e li serai aparato sempre aparare tutte quelle armi che te fusseno lanciate, e a questo modo acadendote per sempre mai tu tenirai questo ordine, sapendo che se tu non volesse fermarte in su la gamba dritta ogni volta che tu haverai parato la ditta Partesana, che te sera lanciata tu tornerai defatto la tua gamba dritta indrieto, e a questo modo la mancha sempre sera dinanci dalla dritta, e cossi farai ogni volta notificandoti che questa Guardia sie migliore che non e havere la gamba dritta inanci, e impero tu non te dismenticherai l'ordine soprascritto, e avisandote che ogni volta che tu parerai le ditte botte manesche, o lanciate tu volterai sempre la ponta della Partesana tua inverso terra per parare piu securamente, & per questo io li faro fino, a questo abatimento sopradetto.

QUI SIE FINITO LARTE DE PARTESANA, E ROTELLA. FINIS. LAUS DEO. AMEN.

lancée, en *roverso* vers l'extérieur vers ton côté droit. De cette façon, il ne t'aura fait aucun déplaisir. Tu seras alors retourné avec la jambe gauche devant et là tu seras toujours prêt à parer toutes les armes qui te seront lancées, et étant arrangé de cette façon, tu suivras toujours cette règle. Sache que si tu ne veux pas t'arrêter sur la jambe droite, chaque fois que tu auras paré la pertuisane qui te sera lancée, tu retourneras de fait avec ta jambe droite derrière et de cette façon la gauche sera toujours devant la droite. Tu feras tout le temps ainsi et je t'informe que cette garde qui n'a pas la jambe droite devant est la meilleure. Tu n'oublieras donc pas les règles écrites ci-dessus et je t'avise que chaque fois que tu pareras ces bottes faites avec les mains ou bien lancées, tu tourneras toujours la pointe de la pertuisane vers le sol pour parer avec plus de sûreté. Avec cela je finis ici ce combat.

ICI EST FINI L'ART DE LA PERTUISANE ET DE LA RONDACHE. FINI, LOUONS DIEU. AMEN.

ACHILLE MAROZZO

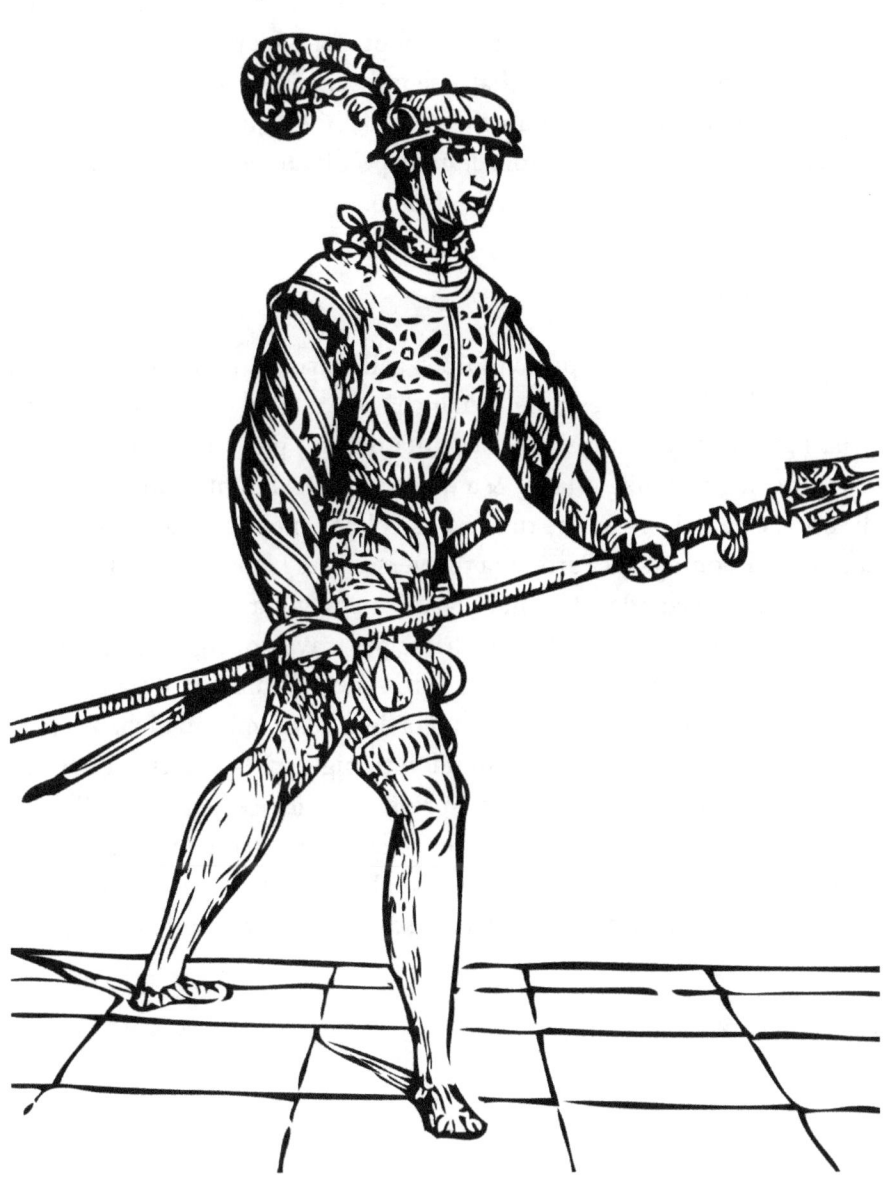

Cap. 180. Dello abatimento de Partesana sola a corpo per corpo.

Io voglio comenciare al nome de Dio uno abatimento de Partesana sola manesca, da solo a solo, facendote intendere, che havendo da insegnare a homo alcuno, che havesse per sua differentia da combattere della detta Partesana, io voglio che tu li daghi de queste cose lequale tu troverai qui de sotto in questo, adonque ponili fantasia, perche io voglio comenciare la prima parte al nome de Dio.

Prima parte.

Adonque in questo principio per galantaria tu te assetterai con la gamba dritta apresso della mancha pur quatro dita inanci el calze della Partesana tua, apresso della ponta del tuo pie dritto, mettando la mano tua dritta a megio lasta, & a questo modo la ponta sopraditta sera di sopra, e de qui voglio che tu faci una volta mancha con la mano dritta, caciando la ponta della Partesana tua verso terra : cioe verso le tue parte manche, e incaciare de tal ponta, e fare de detta volta mancha tu farai una reverentia con la tua gamba dritta drieto per traverso, pigliando lasta con la mano tua mancha, e facendo de fatto sencia fermare la ditta asta una volta dritta, passando in fare de tal volta della tua gamba mancha verso le tue parte dritte per modo che essendoli tu piglierai la Partesana tua con tutte due le mane, ma la drita sera apresso del calzo, e la mancha dinanci non te fermando niente che tu passi della tua gamba mancha uno gran passo inanci apresso del nimico, e li voglio che tu sie paciente, cioe tu starai a vedere quello che vorra fare el sopradetto tuo inimico.

Chap. 180. Du combat à la pertuisane seule à un contre un.

Je veux commencer au nom de Dieu un combat de la pertuisane seule en mains à un contre un. Je te fais comprendre que si tu as à enseigner à un homme qui doit combattre de cette pertuisane pour un différend, je veux que tu lui donnes de ces choses que tu trouveras ici dessous. Ainsi donc je donne les pièces parce que je veux commencer la première partie au nom de Dieu.

Première partie.

Alors au début par galanterie, tu t'arrangeras avec la jambe droite auprès de la gauche avec le talon de ta pertuisane bien quatre doigts devant près de la pointe de ton pied droit et en mettant ta main droite au milieu de l'hast. De cette façon, la pointe de celle-ci sera au-dessus. De là, je veux que tu fasses une volte gauche avec la main droite en dirigeant la pointe de ta pertuisane vers le sol, c'est-à-dire vers ton côté gauche. Et chassant la pointe et faisant la volte gauche, tu feras une révérence avec ta jambe droite en arrière de travers. Prenant l'hast avec ta main gauche, tu feras ensuite sans arrêter cet hast une volte droite en passant dans cette volte de ta jambe gauche vers ton côté droit de sorte qu'étant là, tu prendras ta pertuisane avec tes deux mains. Alors la main droite sera près du talon et la gauche devant. Sans t'arrêter aucunement, tu passeras de ta jambe gauche d'un grand pas devant auprès de l'ennemi et là je veux que tu sois patient, c'est-à-dire que tu attendras de voir ce que voudra faire ton ennemi.

Seconda parte.

Hora essendo arrivato appresso del tuo inimico per farte avertito, che quando te trovasse a uno simile parangone, io voglio che sempre mai tu pigli la Partesana tua manescamente : cioe li nodi della tua mano dritta seranno alinsuso el polso della detta alingioso volto, e li nodi della mano mancha seranno volti alingioso, el polso sera volto alinsuso al contrario luno de laltro, e farai che volendo tu essere paciente, io voglio per migliore tuo parato, che tu abassi la tua mano mancha, e la dritta voglio che tu lalci permodo, che la ponta della sopradetta sera a presso terra, e li anderai astrengiando il tuo inimico : cioe fa chel pie dritto caci il mancho per fino a tanto che lui tirera, o d'alto, o da basso. Ma io voglio prima perponere, che lui te tirre da basso una ponta a quella gamba mancha, e tu presto con lasta tua tu la butterai inentro verso le tue parte dritte, e si li darai a lui de una ponta, passando un poco del tuo pie mancho inanci in el petto, o in la facia non lassando mai la Partesana tua con la mano mancha, e pure aritornando in quella medesima Guardia, e li serai un'altra volta paciente.

Tertia parte.

Ma sappi che essendo tornato in quella Guardia come prima te dissi in nella parte precedente, tu te metterai con la Partesana tua, pure come io te amaiestrai in la prima parte di questo, e de qui voglio che tu abassi forte la ponta della tua sopradetta, inverso terra, acio che le tue parte disopra sieno discoperte, e questo facio solo ad effetto, acio che lui habia causa legitima de tirarti alle bande sopradette desopra. Ma sappi che tragandote in quello luoco de ponta, o de taglio, tu li darai de l'asta tua in la botta che lui tirera, cioe inentro verso le tue parte dritte, facaindoti intendere che quando tu farai tali parato, le di bisogno che tu abassi la tua mano dritta tirandola a te, per fino alla cintura non movendo la mancha, e parato che tu haverai la detta botta, tu li darai a lui de una ponta, dove tu vederai il descoperto suo passando in tal tempo uno poco della tua gamba mancha inanci lassando giocare lasta tua sempre per la mano mancha non labandonando mai, fatto questo tu te tirerai dui, o tri

Seconde partie.

Maintenant, étant arrivé auprès de ton ennemi, je t'avertis que quand il te trouve dans un parangon similaire, je veux que tu tiennes toujours ta pertuisane avec les mains au contraire l'une de l'autre : c'est-à-dire que les métacarpes[3] de ta main droite seront vers le haut et la paume de celle-ci tournée vers le bas ; et que les métacarpes de la main gauche seront tournés vers le bas et la paume sera tournée vers le haut. Toi voulant être patient, je veux que pour faire de meilleures parades que tu abaisses ta main gauche et lèves la droite de sorte que la pointe de la pertuisane soit proche du sol. Là, tu te rapprocheras de ton ennemi, c'est-à-dire fais que le pied droit chasse le gauche jusqu'à tant que lui t'attaque en haut ou en bas. Mais je veux qu'en premier lui te tire une *punta* en bas à ta jambe gauche, alors tu jetteras rapidement ton hast à l'intérieur vers ton côté droit et tu lui donneras une *punta* à la poitrine ou au visage en passant un peu de ton pied gauche devant et en ne lâchant jamais ta pertuisane de la main gauche. Puis tu retourneras bien dans cette même garde et là tu seras encore une fois patient.

Troisième partie.

Sache qu'étant retourné dans cette garde comme je t'ai dit dans la partie précédente, tu te mettras avec ta pertuisane bien comme je t'ai montré dans la première partie, et de là je veux que tu abaisses fortement la pointe de celle-ci vers le sol de sorte que ta partie supérieure soit découverte. Cela est fait seulement pour ce dessein : que lui ait une raison légitime de t'attaquer à cette partie supérieure. Et sache qu'étant attaqué à cette partie d'une *punta* ou d'un coup de taille, tu donneras de ton hast dans la botte qu'il te tire, c'est-à-dire à l'intérieur vers ton côté droit. Je te fais comprendre que quand tu feras cette parade qu'il sera nécessaire que tu abaisses ta main droite en la tirant à toi jusqu'à la ceinture sans bouger la main gauche. Et une fois cette botte parée, tu lui donneras une *punta* là où tu verras qu'il sera découvert en passant dans ce temps un

---

3   no*i* *ella* mano : le noeud de la main, soit le poignet. Pour eviter la confusion entre le dessus et le dessous du poignet, j'ai préféré utiliser les métacarpes, en opposition au *polso*, le poignet, traduit ici par la paume.

passi indrieto e si te assetterai con la tua gamba dritta inanci ben polito per traverso con le tue bracie ben disteso per lo dritto, tenendo pure la ponta della detta Partesana inverso terra, e li serai agiente, e paciente come a te piacera.

Quarta parte.

Essendo rimaso con la gamba dritta inanci, io voglio che tu sie paciente, perche le tue bande manche seranno discoperte, e impero le forcia che lo inimico te tirre al ditto descoperto, ma sape che tragandoti lui de botta alcuna da basso, o da alto, tu te reparerai con lasta tua, fermo le tue gambe, sentende che tu butti la Partesana del nimico inverso le tue parte dritte, e parato che tu haverai la botta sua, tu crescerai della gamba tua mancha perlo dritto del nimico, e si li darai de una ponta per la facia, ma guarda ben che quando lui buttara per paura della detta ponta, via la Partesana tua infuora verso alle tue parte manche tu li darai de uno taglio, o ponta in nella sua gamba mancha, o dritta che sera inanci, e per tuo areparo tu tirerai presto la tua gamba mancha apresso della dritta, e si andarai in guardia polito con la ponta della Partesana tua a terra, buttando in uno tempo presto la gamba mancha tua de drieto dalla dritta, in tal buttare io voglio che tu scambi le tue mane per tua utilitade : cioe tu butterai dinanci la dritta a lasta tua ela mancha de drito, & a questo modo tu serai de dentro, el tuo nimico sera di fuora, e de qui tu puoi essere agiente, e paciente, secondo che li acadera.

peu de ta jambe gauche devant et en laissant jouer ton hast dans la main gauche tout en ne l'abandonnant jamais. Cela fait, tu te retireras de deux ou trois pas en arrière et alors tu t'arrangeras bien proprement avec ta jambe droite de travers et les bras bien tendus devant en tenant bien la pointe de la pertuisane vers le sol. Et là, tu seras agent ou patient comme il te plaira.

Quatrième partie.

Étant resté avec la jambe droite devant, je veux que tu sois patient, parce que ton côté gauche sera découvert et ainsi il est forcé que l'ennemi te tire à cette ouverture. Sache que lui t'attaquant d'une botte quelconque en bas ou en haut, tu te défendras avec ton hast, ferme sur les jambes, comprends que tu jettes la pertuisane de l'ennemi vers ton côté droit. Ayant paré sa botte, tu avanceras de ta jambe gauche vers la droite de l'ennemi et tu lui donneras alors une *punta* au visage. Et regarde bien que quand lui par peur de cette *punta*, jettera ta pertuisane à l'extérieur vers ton côté gauche, tu lui donneras un coup de taille ou une *punta* à sa jambe gauche ou droite suivant celle qu'il aura devant. Puis pour te couvrir, tu retireras rapidement ta jambe gauche près de la droite et alors tu iras en garde proprement avec la pointe de ta pertuisane au sol en jetant dans un temps rapidement ta jambe gauche derrière la droite. Et dans ce déplacement, je veux que tu échanges tes mains pour ton utilité, c'est-à-dire que tu jetteras la droite à l'avant de ton hast et la gauche à l'arrière. De cette façon tu seras à l'intérieur et ton ennemi à l'extérieur. De là, tu peux être agent ou patient suivant ce qu'il arrivera.

ACHILLE MAROZZO

Quinta parte.

Hora guarda bene che per amore del scambiare delle mane che tu hai fatto tu te aritroverai scontro altuo nimico con la gamba tua dritta inanci, & de qui tu puoi essere agiente, e paciente, ma infine a questo tratto, io voglio che tu sie agiente, perche eglie uno bel tratto da fare, e pero per questo tu li caciarai una ponta per la facia da lato suo de fuora de sopra dalla sua asta, ma io voglio che tu sappi che lui per paura della detta tua ponta uscira con lasta sua infuora verso le tue parte manche per pararla la sopradetta, ma in questo parato, io non voglio che tu te lassi trovare lasta della Partesana tua per niente, faciandoti intendere, che quando lui ussira fuora con lasta sua per parare la ponta, che tu li tirerai, io voglio che tu la tirri presto per desotto dalla sua detta asta, e in tal tirare tu li caciarai una ponta per la facia, o in lo petto dentro via fra la partesana sua, e la persona, e sappi che quando tu li haverai dato la detta ponta in tel tirare che tu farai indrieto le tue bracie, tu li segarai de uno taglio dritto con la Partesana tua perlo suo bracio mancho, e in tempo del detto segare tu tirerai la tua gamba dritta apresso della mancha, ma guarda bene che se lui alhora te tirasse de una ponta a quello tuo fianco dritto dalla coregia insuso voglio che con lasta tua tu la butti inverso le tue parte dritte, & a questo modo tu lo haverai parato la sua ponta, e si li segarai a lui de uno taglio dritto in la sua mano mancha che lavera lui dinanci, e per tuo reparo tu te tirerai dui, o tre passi indrieto, e si tornerai la mano tua mancha dinanci dalla dritta, e la dritta de drieto apresso del calze della Partesana tua, e si te assetterai con la tua gamba mancha inanci, con la ponta della sopraditta inance per lo dritto del nimico, alinscontro della facia sua, e tenerai le tue bracie ben distese e polite.

Cinquième partie.

Maintenant, regarde bien que suite à l'échange des mains que tu as fait, que tu te retrouves contre ton ennemi avec ta jambe droite devant. De là, tu pourras être agent ou patient. Mais finalement dans cette partie, je veux que tu sois agent, car ce sera beau à faire. Pour cela, tu lui chasseras une *punta* à la face à son coté extérieur par-dessus son hast, et je veux que tu saches que lui, par peur de cette *punta*, sortira avec son hast à l'extérieur, vers ton côté gauche pour parer celle-ci et alors dans cette parade, je ne veux pas que tu ne le laisses aucunement trouver l'hast de ta pertuisane. Comprends que quand il sortira à l'extérieur avec son hast pour parer la *punta* que tu lui tires que je veuille que tu la tires rapidement par-dessous son hast et que dans ce mouvement tu lui chasses une *punta* à la face ou à la poitrine à l'intérieur entre sa pertuisane et sa personne. Et sache que quand tu lui auras donné cette *punta*, qu'en tirant tes bras en arrière tu lui tailleras un coup de taille droit avec ta pertuisane à son bras gauche. Et dans le temps de cette entaille, tu tireras ta jambe droite près de la gauche. Mais regarde bien que si lui alors te tire une *punta* à ton flanc droit de la ceinture vers le haut, que je veux que tu la jettes avec ton hast vers ton côté droit, de cette façon tu auras paré sa *punta*. Tu lui tailleras alors un coup de taille droit dans sa main gauche qu'il aura devant. Puis pour te couvrir, tu te retireras de deux ou trois pas en arrière et tu retourneras alors avec ta main gauche devant la droite et avec la droite derrière près du talon de ta pertuisane. Tu t'arrangeras alors avec ta jambe gauche devant, avec la pointe de la pertuisane devant vers l'ennemi et à l'encontre de son visage, et tu tiendras tes bras bien tendus et proprement.

Sesta parte.

Essendo con la Partesana in mano scontro al tuo inimico, tu sai ch'io te dissi in nella quinta parte, che tu haveressi la tua man mancha dinanci dalla dritta, e la tua gamba dritta seria de drieto dalla tua mancha, e impero sapendo tu che la detta tua gamba mancha, e dinanci dalla dritta, tu fingierai una ponta con malicia in la facia del tuo inimico per desopra dalla sua asta, e questo tu lo farai solo ad effetto che lui habia cagione de parare la detta tua ponta : cioe butteralla lui inverso le tue parte manche. Ma io credo veramente che lui non potra fare se non come tu desideri, perche facendo lui altramente, tu li potresti dare in la facia della detta ponta. Ma io te dico bene cossi che in el tempo che lui spingiera la Partesana sua verso le tue parte manche per parare la ponta tua sopradetta, tu tirerai la Partesana tua sopradetta per desotto dalla sua, e si li caciarai in tal tempo de una ponta in la gola tra la sua asta, e la persona per desopra del suo brazo mancho. E sappi se tu non li volesse dare in nella detta gola, tu li puoi dare intel sopradetto bracio suo mancho, sapendo tu che ogni volta che tu vai a ferire, le dibisogno che tu cresci sempre un poco della tua gamba mancha inanci, & anchora tirandote lui la resposta come debitamente il debbe fare da lato tuo dritto, o dal mancho tu butterai tirandoli lui dalato dritto con lasta tua la Partesana sua, verso le sue parte manche, tirando in tal parare la tua mano dritta a te, e la mancha non movendo, e parato che tu haverai, tu li renderai la resposta di quella natura che a te piacera. Ma sappi che se lui te tirasse alle bande tue manche, tu farai solamente una meggia volta de pugno per ciascuna man : cioe la mancha voltara il suo polso verso le tue parte manche, e la dritta se voltara il ditto polso alinsuso, e a questo modo tu haverai parato sicuramente la botta del tuo inimico, e si li darai a lui de una ponta dove el sera piu discoperto, faciandoti intendere che tenendo tu la Partesana tua in questo modo come io t'ho detto, maxime havendo la tua gamba mancha inanci, voglio che tu usi sempre questo parato, perche le uno bello parato, e securo.

Sixième partie.

Étant avec la pertuisane en main contre ton ennemi, tu sais que je t'ai dit dans la cinquième partie que tu as ta main gauche devant la droite et que ta jambe droite est derrière la gauche. Ainsi, sachant que cette jambe gauche est devant la droite, tu feinteras une *punta* avec malice au visage de ton ennemi par-dessus son hast. Et tu feras cela seulement dans le but que lui ait une raison de parer ta *punta*, c'est-à-dire la jeter vers ton côté gauche. Et je crois vraiment que lui ne pourra rien faire d'autre que ce que tu désires parce que s'il fait autrement tu pourras lui mettre la *punta* dans la face. Et je te dis bien aussi que dans le temps où il poussera sa pertuisane vers ton côté gauche pour parer ta *punta*, tu tireras ta pertuisane par-dessous la sienne et alors tu lui chasseras dans ce temps une *punta* dans la gorge entre son hast et sa personne, par-dessus son bras gauche. Et sache que si tu ne veux pas lui donner dans la gorge, tu peux lui donner dans son bras gauche. Et comprends que chaque fois que tu iras l'attaquer, il sera nécessaire que tu avances toujours un peu de ta jambe gauche devant. Encore, si lui te tire une riposte comme dûment il doit faire, à ton côté droit ou ton côté gauche, s'il t'attaque au côté droit, tu frapperas sa pertuisane avec ton hast vers son côté gauche, tirant dans cette parade ta main droite à toi sans bouger la gauche. Ayant paré, tu lui riposteras de la nature qu'il te plaira. Mais sache que s'il t'attaque au côté gauche, tu feras seulement une demi-volte du poignet de chaque main, c'est-à-dire que la main gauche tournera sa paume vers ton côté gauche et que la droite tournera sa paume vers le haut, de cette façon tu auras paré avec sureté la botte de ton ennemi. Tu lui donneras alors une *punta* où il sera le plus découvert. Comprends qu'en tenant ta pertuisane de la façon dont je t'ai dit, généralement en ayant ta jambe gauche devant, je veux que tu utilises toujours cette parade, parce qu'elle est belle et sûre.

Cap. 181. Della finitione de Partesana sola.

Io non voglio piu componere in questa arte de Partesana sola manescha, cosa alcuna perche sapendo tu che in ne l'armi dasta, e non glie troppe botte, perche generalmente el non se tra quasi se non de ponta dalla Roncha, e Alabarda in fuora, & ancho qualche volta de Partesana, ma poche volte se tra de taglio, e per questo io faro fine alla sopradetta.

FINIS. LAUS DEO. AMEN. QUI E FINITO LO ABATIMENTO DELLA PARTESANA SOLA MANESCHA, DA SOLO A SOLO.

Chap. 181. De la fin de la pertuisane seule.

Je ne veux pas plus composer d'autres parties sur cet art de la pertuisane seule en main parce que tu sais qu'avec une arme d'hast, il n'existe pas beaucoup de coups et que généralement il ne s'en tire pas d'autre que des *punte* de la ronconne et de hallebarde à l'extérieur et aussi parfois de la pertuisane. Et l'on trouve peu souvent des coups de taille. Par cela je mets fin à cette partie.

ICI EST FINI LE COMBAT DE LA PERTUISANE SEULE EN MAIN EN UN CONTRE UN.

ACHILLE MAROZZO

OPERA NOVA

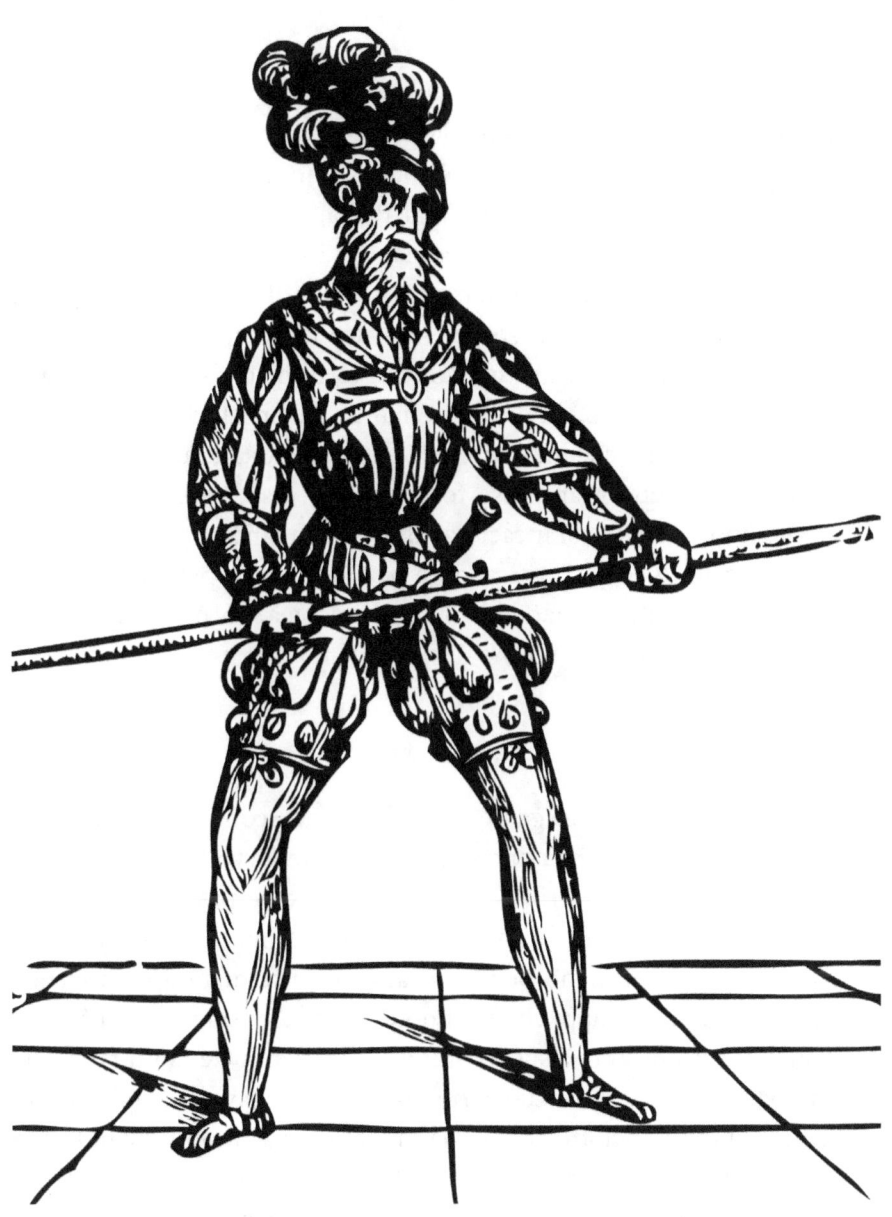

ACHILLE MAROZZO

Cap. 182. Dello abatimento de Picha, o vero Lancioto da solo a solo.

Prima parte.

Adonque per dare principio alla prima parte del combattere della Picha, o vero Lancioto da fante apiede, a homo per homo, in prima essendo contra a uno che havesse una Picha, o vero Lanciotto contra de te tu te metterai con la tua gamba mancha inanci, e la tua Picha in su le bracie con la mano mancha inanci, e la dritta de drieto con la ponta tua della sopradetta alinscontro per lo dritto del petto del tuo nimico, e de qui tu serai paciente in aspettare il tuo nimico che te tire de una lancionata in la persona, e te sempre mai tu haverai lochio alfatto tuo, perche in quel tempo che lui te tirera la detta lancionata tu passerai della tua gamba dritta uno gran passo forte per traverso, verso le tue parte dritte alquanto inanci, e si li cacierai alui de una lancionata sotto mano intel petto, o in lo corpo, aritirandote per tuo reparo presto con la tua gamba dritta indrieto, tornando la mano mancha a luoco suo, e li voglio che tu sie agente : cioe voglio che tu sie el primo a ferire.

Seconda parte.

Hora essendo con la tua gamba mancha inanci scontro al tuo inimico, tu sai che nella prima parte io te dissi che io voleva, che tu fossi agiente, cioe el primo a ferire, e pero per questo tu passarai con la tua gamba dritta inanci verso le parte manche del nimico, e si li tirerai de una lancionata sopra mano per la facia, laquale fermera aposta ferma, perche lui te tire, ma sappi che tirandote lui la resposta tu camufferai il tuo Lanciotto per desotto alsuo, passando in tal tempo de camuffare della tua gamba mancha verso le tue parte manche, per traverso, pigliando in tal passare el tuo Lanciotto con la tua mano mancha, non fermando che tu li traghi de una lanciata per lo fianco dritto con la detta tua mano mancha, passando della gamba dritta, e mancha forte inanci verso le sue dritte parte, e se alhora il tuo nimico te tirasse a quelle parte manche che seranno descoperte, tu la urterai con la detta tua Picha, o vero Lanciotto

Chap. 182. Du combat à la pique ou à la lance en un contre un.

Première partie.

Donc je commence la première partie du combat à la pique ou à la lance d'infanterie à pied, d'homme à homme et en premier contre quelqu'un qui a une pique ou une lance contre toi. Tu te mettras avec ta jambe gauche devant et avec ta pique sur les bras en ayant la main gauche devant et la droite derrière, avec la pointe de celle-ci à l'encontre de ton ennemi vers sa poitrine. De là, tu seras patient en attendant que ton ennemi t'attaque d'un coup de lance[4] au corps. Tu auras toujours l'œil pendant ton combat, parce que dans le temps où il te tirera ce coup de lance, tu passeras fortement de ta jambe droite d'un grand pas de travers un peu devant vers ton côté droit, et tu lui chasseras alors un coup de lance sous les mains à la poitrine ou au corps. Pour te couvrir, tu te retireras rapidement de ta jambe droite en arrière et tu retourneras la main gauche à sa place. Et là, je veux que tu sois agent : c'est-à-dire que je veux que tu sois le premier à attaquer.

Seconde partie.

Maintenant, étant avec ta jambe gauche devant à l'encontre de ton ennemi, tu sais que dans la première partie je t'ai dit que je voulais que tu sois agent, c'est-à-dire le premier à attaquer. Donc pour cela, tu passeras avec la jambe droite devant vers le côté gauche de l'ennemi, et tu lui tireras alors un coup de lance au visage avec la main au-dessus, lequel coup s'arrêtera dans une position ferme afin qu'il t'attaque. Sache que lui te tirant une riposte, tu camoufleras ta lance par-dessous la sienne, passant dans ce temps de ta jambe gauche de travers vers ton côté gauche. Prenant dans ce pas ta lance avec ta main gauche, sans t'arrêter, tu lui tailleras un coup de lance au flanc droit avec ta main gauche en passant de la jambe droite et de la gauche fortement devant vers son côté droit.

---

4   *lancionata* : terme dérivé du mot lance, *lancioto*, dont le sens supposé dans ce contexte est un coup de lance

infuora, verso le tue parte manche, passando in tempo del detto urtare con la tua gamba dritta inanci verso le tue parte dritte, buttando la tua mano dritta dinanci dalla mancha in un medesimo tempo, tu li tirerai passando con la tua gamba mancha inanci de una lanciata per la facia, non te fermando per tuo reparo che tu camuffi la tua mano dritta de drieto dalla mancha al pedale, e si li tirerai una lancionata, fugiendo della tua gamba mancha indrieto, per modo che tu serai con la tua gamba dritta inanci, e perche io voglio che adesso tu sie paciente, tu butterai la detta tua gamba dritta de drieto dalla mancha, e si piglierai con la tua mano mancha, e lanciotto al luoco suo : cioe dinanci dalla dritta, e li darai el galon mancho discoperto al tuo inimico, tenendo la ponta del lanciotto a terra fermo, e li aspettarai che lui te tire al detto tuo galon mancho.

Tertia parte.

Tu sai che in tella seconda parte, io te feci tornare della tua gamba dritta de drieto dalla mancha, con la ponta del tuo lanciotto fermo a terra, acio che tu fussi paciente, maxime sel tuo nimico te tirasse a quello galon mancho che io te dissi in la detta seconda parte del precedente come io credo veramente che lui tirera, ma preponiamo che lui tire al sopradetto galon mancho, tu alciarai le bracie tue alaera tutte due desopra dalla testa alindrieto urtando del Lanciotto tuo in la botta sua de drieto alla tua schina piegandote in su la detta schiena e testa in drieto, el corpo alinanci per modo che aquesto modo tu parerai la lancionata che lui havera tratto, e presto in tal tempo che tu farai el ditto parato tu butterai la tua gamba dritta inanci forte pirlando in su la mancha con la mano dritta tua dinanci dala mancha presto buttandola a megio al tuo detto lanciotto, & questo modo el tuo nimico non potra fugire che tu non li dagi a lui percossa, o vorrai andare con lui alle strette, ma nota che se tu non volissi andare con lui alle dette strette, tu te tirerai dui, o tri passi indrieto, con la tua gamba dritta e mancha fugiendo voltando el tuo lanciotto con la tua mano mancha sopra da la testa, e in tal voltar tu lo piglierai con la mandritta al pedale al luoco suo & de qui tu puoi essere agiente e paciente secondo che l'acadera.

Si alors ton ennemi t'attaque à ce côté gauche qui sera découvert, tu frapperas avec ta pique ou ta lance dans l'extérieur vers ton côté gauche en passant dans cette frappe avec ta jambe droite devant vers ton côté droit, en jetant ta main droite devant la gauche dans un même temps, tu lui tireras en passant avec ta jambe gauche devant un coup de lance à la face. Sans t'arrêter, pour te couvrir tu camoufleras ta main droite derrière la gauche au talon et tu lui tireras alors un coup de lance en fuyant de ta jambe gauche derrière de sorte que tu seras avec ta jambe droite devant. Et parce que je veux que maintenant tu sois patient, tu jetteras cette jambe droite derrière la gauche, et tu prendras alors la lance à sa place avec ta main gauche : c'est-à-dire devant la droite, et là tu donneras une ouverture à la hanche gauche à ton ennemi en tenant la pointe de la lance fermement par terre. Tu attendras là que ton ennemi t'attaque à cette hanche gauche.

Troisième partie.

Tu sais que dans la seconde partie je t'ai fait retourner avec ta jambe droite derrière la gauche et avec la pointe de la lance fermement au sol, de sorte que tu sois patient. Généralement, ton ennemi t'attaquera à cette hanche gauche comme je t'ai dit dans cette seconde partie qui précède, et je crois vraiment que celui-ci t'attaquera. Donc supposons qu'il t'attaque à cette hanche gauche, tu lèveras tes bras en l'air par-dessus la tête en arrière, en frappant de ta lance dans sa botte derrière ton dos, penchant le haut du dos et la tête en arrière, et le corps en avant de sorte que de cette façon tu pareras le coup de lance qu'il t'aura fait. Puis rapidement, dans le temps de cette parade, tu jetteras ta jambe droite fortement devant en tournant sur la gauche, jetant la main droite rapidement devant la gauche au milieu de cette lance, de cette façon ton ennemi ne pourra pas fuir sans que tu le percutes ou que tu ailles avec lui aux estrettes. Et note que si tu ne veux pas aller avec lui à ces estrettes, tu te retireras de deux ou trois pas en arrière de la jambe droite et de la gauche, fuyant en tournant ta lance avec ta main gauche par-dessus la tête, et dans ce mouvement tu la prendras avec la main droite au talon à sa place. De là, tu pourras être agent ou patient, suivant ce qu'il arrivera.

Quarta parte & ultima.

Adonque essendo assettato con la tua gamba mancha inanci, scontro al tuo inimico, de qui voglio che tu sie paciente : cioe tu liverai el tuo lanciotto con la ponta da terra driciandola al dritto del petto del nimico stagando con lochio aperto, perche tragandote lui botta alcuna tu passarai della tua gamba mancha, & dritta inanci per traverso verso le sue parte manche, e in questo passare de gamba mancha, e dritta tu li darai de una lancionata per li fianchi sopra mano con uno squillo drieto, e per tuo riparo tu butterai la detta gamba dritta de drieto uno gran passo dalla mancha, e si te assettarai pure con la tua gamba, e mano mancha inanci ben polito, perche tirandote lui resposta alcuna drieto, tu sai ben che glie sempre el suo parato, & impero per questo respetto io faro fine al detto gioco, o vero combattere del lanciotto, o vero picha.

FINIS LAUS DEO.

Qui e finito el Combattere della Picha, o vero Lanciotto da fante a pie.

Quatrième et dernière partie.

Étant donc arrangé avec ta jambe gauche devant à l'encontre de ton ennemi, de là je veux que tu sois patient : c'est-à-dire que tu élèveras la pointe de ta lance du sol en la dirigeant à la droite de la poitrine ennemie, restant avec un regard attentif. Parce que si lui te tire une botte quelconque, tu passeras de la jambe gauche et de la droite devant de travers vers son côté gauche, et dans ces pas tu lui donneras un coup de lance aux flancs la main par-dessus suivi d'un coup de foret[5]. Puis pour te couvrir, tu jetteras cette jambe droite d'un grand pas derrière la gauche et alors tu t'arrangeras bien avec ta jambe et ta main gauche devant bien proprement. Parce que si lui te tire ensuite une riposte quelconque, tu connais bien sa parade. Ainsi, je mets fin avec cela au jeu ou au combat de la lance ou de la pique.

FIN, LOUANGES À DIEU.

Ici est fini le combat à la pique ou à la lance d'infanterie à pied.

---

5   *squillo* : du verbe *squillare* : forer, faire un trou

ACHILLE MAROZZO

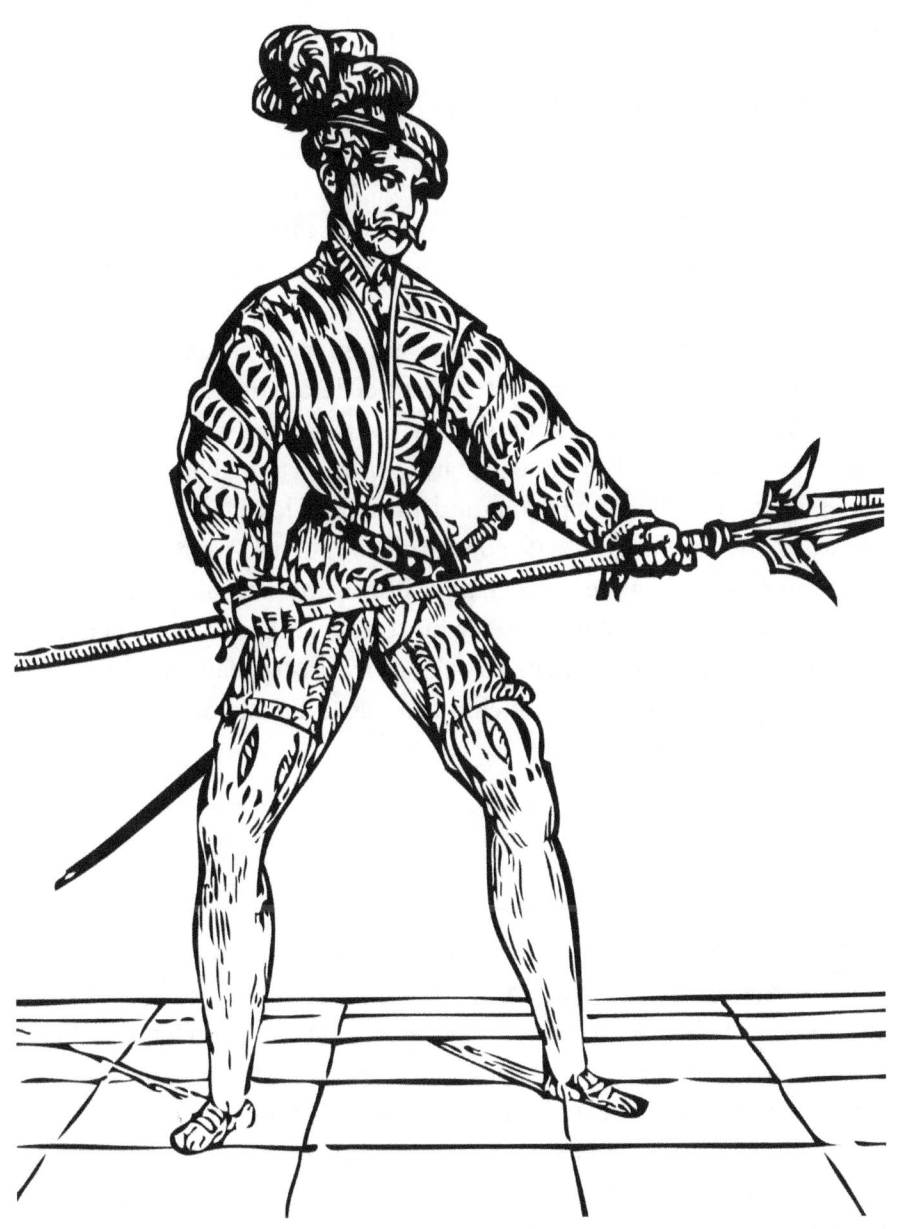

Cap. 183. Dello abattimento de Spedo da persona a persona.

Prima parte.

Hora guarda che io te componero uno abatimento de spiedo breve, e galante, e sera utile, si che adonque tu farai in lentrata del stechato una legiadra reverentia con la tua gamba dritta a laude, e nome dello eterno idio, e della sua madre vergine Maria, e con altre parole come ate parera, voltandote infare dedetta reverentia verso al signore del campo a uno tempo, levandate suso honestamente con animo ridendo piglierai il Spiedo in mano assettandote contra el nimico generosamente con la gamba tua mancha inance, el petto contra el detto voltando a lui, ma con la facia tu guardarai indrieto tenendo la ponta del tuo spiedo a terra, e le tue mane a luoco consueto, e cossi starai per fino a tanto che la Trombetta sona, sapendo tu che la facia voltata alcontrario d'lo nimico, io el face per questo affetto, che tu non fusse con parole in cantato. Adonque sentendo la Trombetta tu te nanderai balciando contra altuo inimico assettato con gratia tu te metterai al contrasto, de lui con la gamba tua mancha inanci, animosamente, e qui tu aspetterai che lui tira una spedatta, o d'alto, o da basso sempre guardando con lochio iocondo al Spiedo del nimico : cioe al ferro suo galante e polito.

Seconda parte.

Adonque essendo scontro el tuo inimico armato, o disarmato tu te aressetterai con la tua gamba mancha inanci come disopra disse sapendo tu che in questo luocho tu poi essere agiente, e paciente secondo che la cadera, ma per questo principio tu serai paciente in aspettare el nimico che te tire d'una spedata per li fianchi, o per la facia, ma volendo tu che lui habia causa licita de tirarte alla detta facia, tu piegarai el spiedo tuo un poco verso le tue parte dritte, e le corne del sopradetto sempre tignendone una alinsuso volta, e laltra alingioso, al contrario luna de laltra, e cosi tu aspetterai el detto inimico che tire prima di te.

OPERA NOVA

Chap. 183. Du combat à l'épieu de personne à personne.

Première partie.

Maintenant, regarde que je te compose un combat qui sera bref, élégant et utile sur l'épieu. Ainsi donc, tu feras à l'entrée du champ une révérence gracieuse avec ta jambe droite en louant le nom du Dieu éternel et de sa mère la vierge Marie, et en prononçant toutes autres paroles comme il te plaira, tout en te tournant vers le seigneur du champ en même temps que tu feras cette révérence. Tu t'élèveras droitement avec le visage souriant. Tu prendras l'épieu en main en t'arrangeant contre l'ennemi noblement avec ta jambe gauche devant et la poitrine tournée vers celui-ci. Mais avec le visage tu regarderas en arrière en tenant de la pointe de ton épieu au sol et avec les mains à leurs places habituelles. Tu resteras ainsi jusqu'à tant que la trompette sonne. Sache que tu mets ton visage au contraire de ton ennemi afin que tu ne sois pas envoûté par ses paroles. Alors quand tu entendras la trompette, tu iras en saluant t'arranger avec grâce contre ton ennemi. Tu te mettras en opposition à lui avec ta jambe gauche devant et courageusement. Et là, tu attendras qu'il te tire un coup d'épieu[6] soit en haut soit en bas, en gardant jovialement toujours les yeux à l'épieu de l'ennemi, c'est-à-dire à son fer, élégamment et proprement.

Seconde partie.

Donc, étant contre ton ennemi, en armure ou non, tu t'arrangeras avec ta jambe gauche devant comme j'ai dit ci-dessus. Sache que dans cette position tu peux être agent et patient suivant ce qu'il arrivera. Mais pour commencer tu seras patient, attendant que l'ennemi t'attaque d'un coup d'épieu au flanc ou à la face. Et si tu veux lui donner une réelle raison de t'attaquer à la face, tu pencheras ton épieu un peu vers ton côté droit et l'une de ses cornes sera toujours tournée vers le haut et l'autre vers le bas, à l'opposé l'une de l'autre. Tu attendras ainsi que cet ennemi t'attaque en premier.

---

6   *spe∙atta* : terme dérivé du mot épieu, *spe∙o*, dont le sens supposé dans ce contexte est un coup d'épieu

Tertia parte.

Hora guarda che tragandote lui alla supradetta facia, tu parerai buttando la tua gamba mancha un poco inanci, e la dritta li acocerai de drieto, spingiendo lo spiedo del nimico forte verso le tue parte manche, tirando el detto un poco a te, ma sappi che in el tirare del detto tuo spiedo, tu li darai cresendo della tua gamba mancha de una spedata in te la tempia mancha, o in lo fiancho suo detto non te lassando mai scappare el spiedo tuo de mano alcuna, e fatto che tu haverai el detto ferire tu te arassetterai tirandote dui passi indrieto per tuo areparare intella Guardia de prima.

Quarta parte.

Tu sai che in nella precedente parte tu rimanesti con la gamba tua mancha inanci. Adonque de qui tu serai agiente in atrovare el nimico de una spedata per lo bracio suo ilquale havera lui inanci arecogliendo subito la gamba tua mancha apresso della destra, e li tragandote lui la respossa el tuo nimico, tu butterai la tua gamba dritta per traverso forte verso le sue parte manche, e li tirarai una spedata sopra mano o sotto in la facia, o dove a te parera a lui seguendo in lo detto tirare la gamba tua mancha de drieto a luoco suo alla destra, ma presto per tuo reparo tu butterai la tua gamba dritta, e mancha, e dritta in drieto, arecogliendote in tale buttare il spiedo tuo in mano, e voltegiando inverso le parte manche del tuo inimico, e qui lo aticiarai assettandote in questa tertia parte con lo pie dritto per traverso verso le parte manche del sopradetto.

Quinta parte.

Sapendo tu che in nella tertia parte tu rimanisti con la gamba dritta per traverso. Adonque per discoperta tu darai al tuo nimico le parte manche facendo tu el gioco largo a lui de quella sopradetta parte discoperta tenendo tu la sagacita tua con lochio aperto, perche tragandote lui a le dette bande tue manche tu crescerai parando della forbice dello spiedo tuo della tua gamba mancha inanci, & urtando forte lo spiedo del nimico verso le tue parte manche passando in questo medesimo urtare

Troisième partie.

Maintenant, regarde que s'il t'attaque à la face, tu pareras en jetant ta jambe gauche un peu devant, et tu placeras la droite derrière, en poussant l'épieu de l'ennemi fortement vers ton côté gauche, tirant celui-ci un peu à toi. Et sache que quand tu tireras cet épieu à toi, tu lui donneras en avançant de ta jambe gauche un coup d'épieu dans sa tempe gauche ou à son flanc, sans jamais le laisser échapper de tes mains. Ayant fait cette frappe, tu t'arrangeras dans la garde du début en te retirant de deux ou trois pas en arrière pour te couvrir.

Quatrième partie.

Tu sais que dans la partie précédente tu es resté avec ta jambe gauche devant et donc, de là, tu seras agent. Tu trouveras ton ennemi d'un coup d'épieu au bras qu'il aura devant, en ramenant aussitôt ta jambe gauche près de la droite. Et alors ton ennemi te tirant une riposte, tu jetteras fortement ta jambe droite de travers vers son côté gauche et tu lui tireras un coup d'épieu avec les mains au-dessus ou en dessous, soit au visage soit là où il te plaira, avec ta jambe gauche suivant la droite par-derrière à sa place dans cette frappe. Puis rapidement pour te couvrir, tu jetteras ta jambe droite et ta gauche, et la droite en arrière en ramenant dans ces pas ton épieu en main et en te tournant vers le côté gauche de ton ennemi. Là, tu le provoqueras en t'arrangeant dans cette troisième partie avec le pied droit de travers vers le côté gauche de celui-ci.

Cinquième partie.

Tu sais que dans la troisième partie tu es resté avec la jambe droite de travers donc tu donneras comme ouverture à ton ennemi ton côté gauche, faisant le jeu large avec lui du côté de cette ouverture et en tenant avec acuité les yeux ouverts. Car si lui t'attaque à ton côté gauche, tu avanceras de ta jambe gauche devant en parant avec le fer de ton épieu, frappant fortement l'épieu de l'ennemi vers ton côté gauche et en passant dans cette parade de ta jambe droite vers le côté gauche de l'ennemi. Et là,

della tua gamba dritta verso le parte manche del nimico, e li darali del calzo del tuo spiedo in nella facia, e venirai alle prese se ate piacera, ma non volendo venire alle dette prese tu cacerai in el passare della detta tua gamba dritta mano alla spada tua, o vero pugnale, e si li darai al tuo nimico de uno roverso per le gambe, o vorai una ponta per li fianchi non abandonando mai el spiedo tuo con la mano mancha, & a uno tempo se a te parera de havere el meglio tu lassarai el spiedo tuo, e pigliarai el suo essendo tu piu forte de lui, tu anderai alle prese con lui, e non essendo piu forte del detto fatto che tu haverai el debito tuo tu livarai uno salto allo indrieto tirandote, e arassettandote con lo spiedo tuo come te dissi in nella prima parte, e li te daro el modo, e la via di venire alle prese se a te parera, quanto che no, io te daro el modo de diffenderte da uno che volesse con te venire alle dette prese, siche per questo non havere paura, e starai atento.

Sesta & ultima parte.

Notificandote che in nella quarta parte tu rimanisti con la gamba mancha inanci, ma adonque le da considerare in questa sesta, & ultima parte del precedente quale e piu forte stare, o con lo pie dritto, o con lo mancho inanci, ma pertanto in questo dubio la oppinione mia tiengo che essendo tu dritto, & operando el spiedo con la mano mancha inanci, che tu debbi tenere per piu forteza la detta gamba mancha inanci, perche se tu non sapesse la cagione te la chiariro, che tutta volta che uno tenera el spiedo con la man dritta sua dinanci verso el ferro per sua piu comoditade e fortecia de tenere anchora la medesima gamba, e sel tegnira per lo contrario lui debbe tenere per lo contrario anchora el piede, maxime se la mano dritta sera dinance, anchora li sera la gamba, e cossi se la gamba mancha sera dinance dalla dritta, anchora li sera la ditta man mancha, maxime per volere fare presa, o per vetare presa al tuo nimico, ma se tu volesse fare presa facilmente tu li andarai con questi parati che tu troverai qui in questo el modo, de intrare, e de uscire delle dette prese.

Adonque essendo con la gamba mancha inanci tu starai atento, che volendo tu andare alle prese con el tuo inimico tu te inscontrarai con il tuo ditto inimico a forbisa per forbisa storciando le mane tue al contrario

tu lui donneras du talon de ton épieu dans sa face et tu viendras aux prises si cela te plaît. Mais si tu ne veux pas aller à ces prises, tu chasseras ta main à ton épée ou à ton poignard dans le déplacement de ton pied droit et alors là tu donneras à ton ennemi un *roverso* aux jambes ou bien une *punta* aux flancs en n'abandonnant jamais ton épieu de ta main gauche. Et s'il te semble que tu as le meilleur, dans un temps tu laisseras ton épieu et tu prendras le sien. Si tu es plus fort que lui, tu vas aux prises avec et dans le cas contraire, vu que tu auras ton dû, tu fais un saut en arrière te retirant et t'arrangeant avec ton épieu comme je t'ai dit dans la première partie. Et là je vais te donner la façon et la voie pour aller aux prises si cela te plaît. Et sinon, je te montrerai les façons de te défendre contre quelqu'un qui veut venir à ces prises. Donc, pour cela n'aie pas peur et reste attentif.

Sixième et dernière partie.

Je te rappelle que dans la quatrième partie tu es resté avec la jambe gauche devant, donc il doit être considéré, dans cette sixième et dernière partie, laquelle des précédentes façons est la plus forte pour attendre : celle avec le pied droit ou celle avec le pied gauche devant. Et j'ai mon opinion sur cette question. Toi étant droitier et utilisant l'épieu avec la main gauche devant, tu résisteras avec plus de force en ayant la jambe gauche devant. Et je vais te donner la raison si tu ne la connais pas : chaque fois que quelqu'un tiendra l'épieu avec sa main droite devant vers le fer, pour son aisance il sera forcé de se tenir également avec la même jambe. Et s'il le tient inversé, il doit aussi inverser ses pieds. Généralement si la main droite est devant, la jambe le sera également. Et si la jambe gauche est devant la droite, la main gauche le sera également en général pour pouvoir aller faire une prise à ton ennemi ou pour bloquer une prise. Et si tu veux faire des prises facilement, tu iras avec les parades que tu trouveras ici dans ce (livre) avec les façons d'entrer et de sortir de ces prises.

Donc en étant avec la jambe gauche devant, tu resteras attentif, car si tu veux aller aux prises avec ton ennemi, tu iras à son encontre à fer contre

di quelle del ditto inimico per modo che lui non possa tirare el spiedo suo assi, e faciendo tu questo, tu potra affondarlo a terra, o voi alciarlo alinsuso, o da lato, e potrai alhora andare con lui alle sopradette prese, ma se tu non volesse consentire alle prese del nimico ogni volta che lui vorra inforchare el spiedo suo con el tuo, allhora tu camuffalo tirandolo un poco a te, e poi rispondeli de una spedata, ma se lui te cargasse forte adosso per farte perdere terreno, o per sforciarte alle prese, e tu allhora volteza verso le sue parte manche sempre con malicia de robarli qualche tempo, e lassalo tirare lui sempre prima de te, e se cossi farai egli sera pocho dubio de prese, notificandote, che in combattere de detto spiedo, o voi gioco, el non acade troppe cose, perche non se tira se non de ponta, e solo per questo effetto faremo fine al sopradetto combattere de spiedo, a homo per homo.

QUI SIE FINITO LO ABATIMENTO DEL SPIEDO, DA PERSONA A PERSONA: FINIS LAUS DEO AMEN.

fer, en tournant tes mains au contraire des siennes de sorte qu'il ne puisse tirer son épieu à lui. Faisant cela, tu pourras l'amener par terre ou alors l'élever vers le haut ou sur le côté, et tu pourras alors aller à ces prises avec lui. Mais si tu ne veux pas consentir aux prises de l'ennemi, chaque fois que tu le verras crocheter son épieu au tien, tu camoufleras en le tirant un peu à toi et tu lui répondras ensuite d'un coup d'épieu. Mais si lui t'emmène fortement au-dessus pour te faire perdre du terrain ou te forcer à faire des prises, alors tu tourneras toujours vers son côté gauche avec la malice de vouloir lui prendre un certain temps. Et tu le laisseras toujours tirer en premier. Si tu fais ainsi il sera peu question d'arriver aux prises. Je t'informe que dans le combat ou le jeu avec l'épieu, il ne se passe pas beaucoup de choses parce qu'il ne se fait que des attaques de pointe, ainsi donc je mets fin au combat à l'épieu en un contre un.

ICI EST FINI LE COMBAT À L'ÉPIEU EN UN CONTRE UN. LOUÉ SOIT DIEU.

ACHILLE MAROZZO

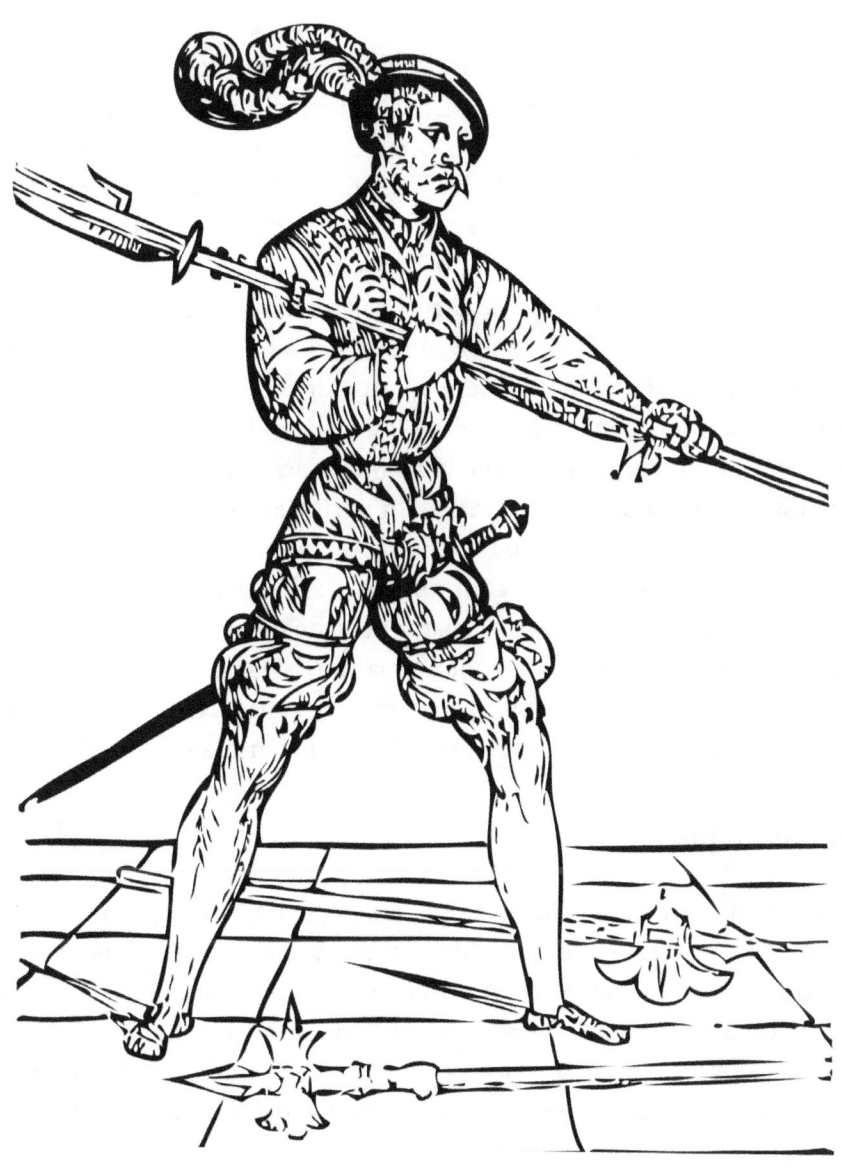

ACHILLE MAROZZO

Cap. 184. Dello abatimento della Roncha, da solo a solo.

Prima parte.

Le da notare che con la Roncha da persona a persona tu te assettarai con la tua gamba mancha inanci scontro al tuo inimico, e quivi la puoi pigliare a megio, o da capo come ate parera, ma pure diremo in prima che tenendola el tuo nimico a megio anchora tu la piglierai come lui, sapendo tu che la mano mancha va disotto dalla dritta verso el calzo della Roncha sopraditta, e quivi te attillerai aspettando el ditto nimico che te tire de una Ronchata de taglio per testa, o per gamba, ma prima tragandoti lui per la ditta gamba tu te reparerai buttando la gamba tua mancha uno gran passo de drieto alla tua dritta, e in tale buttare, tu li darai de uno fendente in su la testa, lassandote giucare, e stracore lasta della tua per mano in modo che la mano mancha sera apresso del calzo tuo della sopraditta, e li sara accalata in porta di ferro larga, alhora harai la roncha tua a uno altro modo, e li aspetterai, perche tragandote lui de novo de sopra, tu te reparerai urtando della Roncha tua desotto insuso forte, e delado un poco verso le parte manche del nimico, in tale urtare tu li tirerai del becho della roncha tua per la facia sua spingiendo, e aretornando a luoco tuo con una ponta, e li te assetterai aluoco tuo de prima con le tue mane al luoco sopraditto come prima io te dissi.

Seconda parte.

Tu sai che nella prima parte tu rimanisti con la tua gamba mancha inanci adonque de qui le da vedere in che guardia el tuo nimico perche accadendo lui essere come tu la trovarai con una vista di fendente per la testa per metterlo in parato con la tua gamba dritta passando per lo dritto del tuo inimico, alhora parando lui alla ditta testa tu tirerai la Roncha un poco ate in modo che de fatto tu li darai de una ponta per lo petto, e in dare de ditta ponta per tuo reparo, tu tornerai la ditta gamba dritta a luoco suo col calzo della Roncha tua parando, e urtando desotto o desopra come accadera respondendote lui de novo, & a questo modo tu harai parato, e ferito e retornato in la guardia tua de prima.

Chap. 184. Du combat de la roncone en un contre un.

Première partie.

Il doit être noté qu'avec la roncone en un contre un, tu t'arrangeras contre ton ennemi avec ta jambe gauche devant, et de là, tu pourras la prendre au milieu ou à la tête comme il te plaira. Mais je te dis bien pour commencer que si ton ennemi la tient au milieu, alors tu la prendras comme lui. Et sache que la main gauche va en dessous de la droite vers le talon de cette roncone. Là, tu t'arrangeras en attendant que ton ennemi te tire un coup de taille de la roncone à la tête ou à la jambe. Si en premier lui t'attaque à la jambe, tu te défendras en jetant ta jambe gauche d'un grand pas derrière la droite, et dans ce pas tu lui donneras un *fen⸱ente* à la tête, en te laissant œuvrer et surpasser par ton hast en main de sorte que la main gauche sera proche du talon de celle-ci. Là, tu seras tombé en *porta ⸱i ferro larga*. Alors tu auras ta roncone d'une autre façon et tu l'attendras. Quand il t'attaquera de nouveau par au-dessus, tu te couvriras en frappant fortement avec ta roncone de bas en haut et de côté, un peu vers la partie gauche de l'ennemi. Et dans cette frappe, tu lui tireras du bec de ta roncone à sa face, et tu retourneras à ta place en poussant une *punta*. Tu t'arrangeras alors à la même place qu'au début, avec tes mains à leurs places comme je t'ai dit ci-dessus au début.

Deuxième partie.

Tu sais que dans la première partie tu es resté avec ta jambe gauche devant, donc de là tu regarderas dans quelle garde est ton ennemi. Parce que si lui est arrangé comme toi, tu le trouveras avec une feinte de *fen⸱ente* à la tête en passant avec ta jambe droite vers ton ennemi, afin de le mettre en parade. Alors lui faisant cette parade de tête, tu tireras ta roncone un peu à toi de sorte que tu lui donneras une *punta* à la poitrine. Ayant donné cette *punta*, pour te couvrir tu retourneras la jambe droite à sa place, en parant avec le talon de ta roncone et en frappant en bas ou en haut quand sa riposte tombera de nouveau. De cette façon, tu auras paré, frappé et retourné dans la garde du début.

Terza parte.

Hora guarda che in questa tertia parte aretrovandose el tuo nimico con la sua gamba mancha inanci come tu, le dibisogno a essere paciente, perche tragandote lui per testa de una roncata de taglio, tu te reparerai urtando col calzo de la roncha tua indentro forte verso le tue parte dritte, e in tale urtare, tu li darai del calzo della Roncha in te la facia fermo con la tua gamba mancha pure alquanto un poco inanci crescendo, & per tuo reparo, e ferire, tu li tirarai dapoi che tu li haverai dato del ditto calzo in uno medesimo tempo, tu li darai de uno fendente in su la testa fugiendo con la tua gamba mancha de drieto uno gran passo dalla dritta, e li sera accalato in porta di ferro larga con la roncha tua, non te fermando che tu li caci una ponta per la facia per de sopra da la roncha sua dal suo lato mancho sapendoti che per paura della ditta ponta, tu li darai de uno dritto tirando a te in le sue gambe, e presto per tuo reparo, tu te tirerai dui, o tri passi indrieto, e si te assetterai come prima te dissi con la gamba pure tua mancha inanci, e la roncha a megio tenendo el calzo per lo dritto del tuo nimico.

Quarta parte.

Sapendo tu che nella tertia parte tu rimanesti con la tua gamba mancha contra al tuo nimico, le da pensare che de qui tu puoi essere agente, e paciente, ma pure diremo che essendo patiente in aspettare il tuo nimico che tragha, da alto, o da basso de ponta, o mandritto, tu tareparerai tragando da alto el sopraditto con la tua roncha alinscontro, tragandoli uno mandritto passando intrare de tale mandritto con la tua gamba dritta per lo dritto del tuo nimico non te fermando presto tu li voltarai & urtarai con el calzo tuo in la roncha sua dal suo lato dritto, passando in dare de ditto calzo forte con la tua gamba mancha de fuora dalla dritta del tuo inimico, e li cacierai in questo passare in te la gola lasta dinanci al sopraditto, in modo che per respetto de tale passare de ditta gamba mancha, e mettere di roncha in nella gola al ditto nimico el sara sforciato a cadere indrieto in terra dagandoli tu lato come sai, & a questo modo tu li darai di quelle botte che meglio a te parerai, e fatto questo per tuo riparo tu te tirerai dui, o tri passi indrieto, e si te assetterai come disopra dissi.

Troisième partie.

Maintenant, regarde que dans cette troisième partie tu trouves ton ennemi avec la jambe gauche devant comme toi, il te sera nécessaire d'être patient. Parce que lui t'attaquant la tête d'un coup de taille de la roncone, tu te couvriras en frappant fortement du talon de ta roncone à l'intérieur vers ton côté droit, et dans cette frappe, tu lui donneras du talon de la roncone dans la face fermement avançant un peu avec la jambe gauche devant. Puis pour te couvrir et frapper, tu lui tireras dans un même temps suite à ce coup de talon, un *fen*e*nte* dans sa tête en fuyant d'un grand pas de ta jambe gauche derrière la droite. Et là tu seras tombé en *porta*e*i ferro larga* avec ta roncone. Sans t'arrêter, tu lui chasseras une *punta* à la face par-dessus sa roncone à son côté gauche. Et sache que par peur de cette *punta*, tu lui donneras un *man*e*ritto* dans ses jambes en la tirant à toi. Puis rapidement pour te couvrir, tu te retireras de deux ou trois pas en arrière et tu t'arrangeras comme je t'ai dit au début, avec la jambe gauche bien devant et la roncone tenue au milieu avec le talon vers ton ennemi.

Quatrième partie.

Sachant que dans la troisième partie tu es resté avec ta jambe gauche à l'encontre de l'ennemi, il doit être su que de là tu peux être agent ou patient. Et je dis que tu es patient en attendant que ton ennemi t'attaque en haut ou en bas, d'une *punta* ou d'un *man*e*ritto*. Celui-ci attaquant en haut, tu te couvriras avec ta roncone à son encontre en lui tirant un *man*e*ritto* en passant dans cette frappe avec ta jambe droite vers ton ennemi. Sans t'arrêter, rapidement tu tourneras et le frapperas du talon de ta roncone à son côté droit en passant dans ce coup fortement de ta jambe gauche à l'extérieur vers la droite de ton ennemi. Et dans ce pas, tu lui chasseras ton hast devant dans sa gorge de sorte qu'à cause de ce déplacement de la jambe gauche et du placement de ton hast dans sa gorge, qu'il soit forcé de tomber en arrière par terre en lui donnant de côté comme tu connais. De cette façon, tu le frapperas de la botte qui te semblera la meilleure. Cela fait, pour te couvrir, tu te retireras de deux ou trois pas en arrière et alors tu t'arrangeras comme j'ai dit ci-dessus.

Quinta & ultima parte.

Hora nota che essendo tu in nella parte precedente rimaso, come disopra dissi : cioe con lo piede mancho inanci scontro al tuo inimico, tu starai acorto perche tirandoti lui de ponta, o mandritto per tuo reparo, e ferire tu butterai per traverso la tua gamba dritta verso le parte manche del nimico, e in tale buttare tu li tirerai per le bracie, e testa de uno fendente dritto giocando la Roncha tua la mano mancha al calzo di drieto, e la mancha gamba seguendo alla dritta per di drieto non te movendo, perche tirandote de novo el sopraditto tu te areparerai con urtare desotto insu, e tirare gioso con el becho della roncha tua per traverso, o per lo dritto, e fatto questo per tuo reparo tu li tirerai de una ponta fugiendo la tua dritta gamba alla mancha per de drieto.

FINIS

Qui finisce lo abatimento della Roncha da persona a persona sapendo tu che queste partite de Roncha se possano fare con la Labarda : e con Lacia. Io per me li face poca diferencia, & ho visto & calculato sopra di questo e glie tutto uno gioco queste tre arme sopraditte : cio Roncha, Alabarda, e Lacia.

Cinquième et dernière partie.

Maintenant, note qu'étant resté dans la partie précédente comme j'ai dit ci-dessus : c'est-à-dire avec le pied gauche devant à l'encontre de ton ennemi, tu resteras attentif. Parce que s'il t'attaque d'une *punta* ou d'un *man⸱ritto*, pour te défendre et attaquer tu jetteras de travers ta jambe droite vers le côté gauche de l'ennemi et dans ce pas tu l'attaqueras aux bras et à la tête avec un *man⸱ritto fen⸱ente*, en jouant de ta roncone avec la main gauche au talon arrière et avec la jambe gauche suivant la droite par derrière sans bouger. Car si lui t'attaque de nouveau, tu te couvriras en frappant de bas en haut et tu tireras en bas de travers ou devant avec le bec de la roncone. Cela fait, pour te couvrir tu lui tireras une *punta* en fuyant de ta jambe droite derrière la gauche.

FIN

Ici est fini le combat à la roncone en un contre un. Sache que ces parties sur la roncone peuvent se faire avec la hallebarde et la hache, qui ne sont pas très différentes pour moi. Nous avons vu et réalisé ci-dessus tous les jeux pour ces trois armes qui sont la roncone, la hallebarde et la hache.

Cap. 185. Che tratta delle arme inastate contra a Roncha, o Alabarda o Aciai.

Prima parte.

Sapendo tu che aretrovandote contra a Partesana lanciate subito tu te assetterai con la tua gamba mancha inanci tenendo la Roncha tua in mano con il calzo per lo dritto a modo usato verso il tuo inimico stagando atento con lochio tenendolo fermo sempre al ferro della Partesana de quello che tu haverai presente. Adonque de qui tu puoi essere paciente, e agente, niente dimeno dalle parte da alto tu te reparerai passando della tua gamba dritta verso le parte manche del nimico, & in tale passare tu li darai inella sua asta de uno fendente, e la gamba tua mancha seguira la dritta per de drieto tornando per tuo reparo con la tua gamba dritta la al luoco consueto, e qui te assetterai galante e polito.

Seconda & ultima parte.

Le da notare che essendo come prima dissi lanciandote da basso, el tuo inimico tu tareparerai con la tua gamba dritta per traverso passando dalato mancho dal sopraditto, e in tal passare tu li darai con la tua Roncha de sotto in suso inverso alle sue parte dritte tornando per tuo riparo con la tua gamba destra alla mancha de drieto, e li sarai atto aparare ogni volta passando con la gamba mancha & dritta secondo che lacadera lanciate, & cosi havendo una Alabarda, o unacia in mano a questi medesimi modi puoi parare, e ferire.

Finis

E QUI FINE IMPONEREMO ALLI SOPRA notati abbattimenti offensivi, e deffensivi, & altre occurenti cose, come legendo copiasamente hai potuto vedere. Hora de varii casi & occurrentie diffusamente trattaremo,

Chap. 185. Qui traite des armes d'hast contre la roncone, la hallebarde ou la hache.

Première partie.

Sache que si tu te retrouves contre une pertuisane ou une lance, aussitôt tu t'arrangeras avec ta jambe gauche devant en tenant ta roncone en main avec le talon devant de façon habituelle vers ton ennemi, en restant attentif et en tenant toujours les yeux fermement au fer de la pertuisane que tu auras en présence. Donc de là tu peux être patient ou agent, néanmoins (ton ennemi t'attaquant) au côté haut tu te défendras en passant de ta jambe droite vers le côté gauche de l'ennemi et dans ce pas tu lui donneras un *fen*ente* dans son hast, et ta jambe gauche suivra la droite. Tu retourneras pour te couvrir avec ta jambe droite à sa place habituelle, et là tu t'arrangeras élégamment et proprement.

Seconde et dernière partie.

Note qu'étant comme j'ai dit au début et que ton ennemi t'attaquant en bas, tu te défendras en passant avec ta jambe droite de travers vers son côté gauche et dans ce pas tu lui donneras de ta roncone de bas en haut vers son côté droit. Tu retourneras avec ta jambe droite derrière la gauche pour te couvrir. Et là, tu seras en mesure de parer à chaque fois en passant de ta jambe gauche et de la droite suivant comment arrivera la lance. Et tu pourras aussi parer et frapper de la même façon avec une hallebarde ou une hache.

Fin

ET ICI NOUS METTONS FIN À TOUS les combats décrits, offensifs et défensifs, ainsi que toutes les autres choses comme nous avons pu les voir abondamment légendés. Maintenant nous traiterons largement de choses diverses et variées.

ACHILLE MAROZZO
LIBRO QUINTO

Documento sopra a molte prese de stillo, over dagetta, o pugnale, che facilmente tutte se possono fare accadendo come se costuma, a questi moderni tempi, che de molti huomini si ritrovano essere offesi per non havere arme in mano, ne mancho scientia, Et io vedendo de questi casi occorere, me sono mosso amorevolmente con l'arte mia, a scrivere queste cose, come trovarete davante in questo libro, accio che quilli che se delettano de la militia sieno advertiti ad imparare tale prese, per conservatione de la vita loro. Et notati che ditte prese che serano composte in tutte l'armi, o lotta serano molte utile, per quegli che se essercitarano in tale virtude, over arte.

OPERA NOVA
LIVRE CINQ

Document sur les multiples prises de stylet[7], dague et poignard qui peuvent toutes se faire facilement comme il advient de coutume que par ces temps modernes beaucoup d'hommes se retrouvent offensés, car il n'ont pas d'arme en main et qu'ils manquent de connaissances. Et voyant ces cas arriver, je me suis décidé d'écrire ces choses avec tout l'amour pour mon art, comme tu as trouvé avant dans ce livre, de sorte que ceux qui sont élus[8] à la milice soient avertis d'apprendre ces prises pour la conservation de leur vie. Et note que ces prises qui seront faites avec toutes les armes ou en lutte seront très utiles pour ceux qui s'exercent dans cet art ou dans ces vertus.

---

7   *Stillo* : plus connu maintenant sous le terme de *stilleto*, poignard avec une lame triangulaire très fine
8   *Delettano* : ancienne forme de *eletto* selon le FLORIO, signifiant élire

ACHILLE MAROZZO

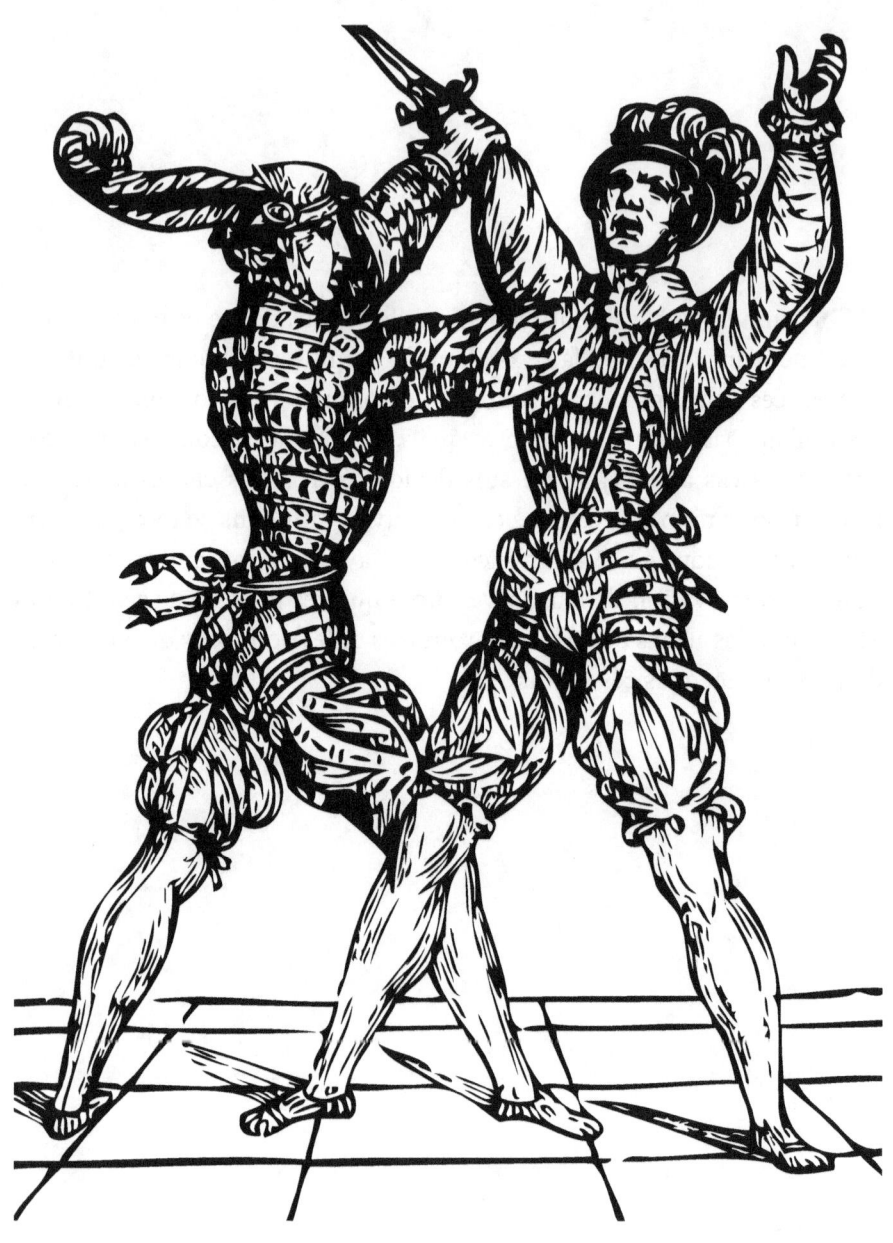

OPERA NOVA

Prima presa.

Hora nota che qua daremo principio alla prima presa, havendo denotato de quanta utilitade e asapere deffensarse dal suo inimico, mi sono sforciato dare principio a questa prima presa de Stillo, over' Dagetta. Et nota che havendo il tuo nimico una del'arme sopradette in mano, e necessario a guardargli sempre con l'ochio alle mani, accio che lui non te possa gabare. Avenga dio chel tuo nimico te tirasse sopra mano d'una Dagetta, tu te reparai con la tua mano mancha pigliando il bracio suo alla roversa, cioe il braccio dritto, & in questo medesimo pigliare, tu geterai la tua gamba dritta de dietro a la destra del tuo nimico trahendo in questo medesimo gettare il braccio tuo dritto al collo allo inimico, storciendo in tal gettare la tua mano sinistra, verso le parte dritte del sopra detto, tirando le dette braccia gioso a terra, facendo a questo modo, fara lui un capo fitto in drieto.

Première Prise.

Maintenant, note que je donne ici le début de la première prise, ayant dit combien il est utile de savoir se défendre de son ennemi, je suis forcé de commencer cette première prise au stylet ou à la dague. Note que si ton ennemi a une de ces dites armes en main, il sera nécessaire de toujours regarder ses mains de sorte qu'il ne puisse pas te tromper. Je dis que s'il advient que ton ennemi t'attaque avec la dague par-dessus la main, tu te couvriras avec ta main gauche en prenant son bras à revers, c'est-à-dire son bras droit, et dans cette même prise, tu jetteras ta jambe droite derrière la droite de ton ennemi en tirant dans ce même pas ton bras droit à son cou. Tu tourneras dans ce mouvement ta main gauche vers son côté droit, tout en tirant ce bras en bas vers le sol. Et en faisant de cette façon, tu le feras tomber sur sa tête en arrière.

ACHILLE MAROZZO

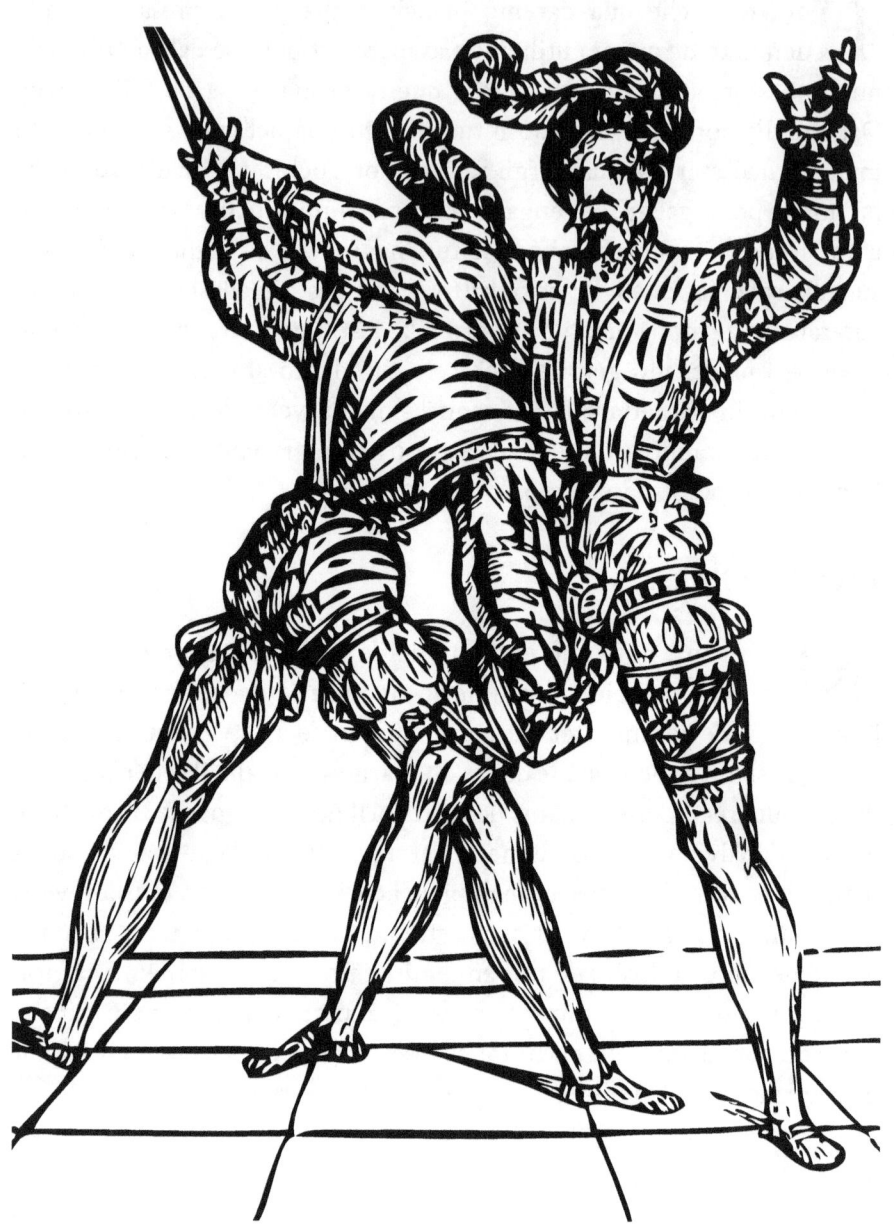

Seguita la seconda presa.

Havendo il tuo nimico con l'armi sotto mano, come appertamente dimostra la figura, fermerai lochio tuo al pugno sopradetto : cioe che trahendoti lui disotto insuso per amazarti de una ponta, tu te gieterai con braccio tuo manco, al suo braccio drito, voltando il pugno tuo con le dita ingioso, & pigliaralo stretto passando in el pigliarlo de la tua gamba destra, metendola defuori da la dritta del sopradetto tuo inimico, & in questo medesimo getare de gamba, tu pigliarai la coscia destra con la tua mano drita al sopradetto, caciandoli, in questo pigliare la testa tua sotto al suo bracio destro, & voltarai le spalle alla roversa, & a questo modo tul portarai via, & geterailo in terra, & serai diffeso galantemente, & polito.

Suit la seconde prise.

Ton ennemi ayant l'arme par-dessous la main comme le démontre clairement l'illustration, tu garderas tes yeux au poing de celui-ci. Quand il te tirera un estoc de bas en haut pour te tuer, tu te jetteras avec ton bras gauche à son bras droit, en tournant ton poignet avec les doigts vers le bas et tu le tiendras serré, passant dans cette prise de ta jambe droite et la mettant à l'extérieur de la jambe droite de ton ennemi. Dans ce même pas, tu prendras la cuisse droite de celui-ci avec ta main droite, en chassant dans cette prise ta tête sous son bras droit et tu tourneras les épaules à revers. De cette façon tu le porteras et le jetteras par terre. Tu te seras ainsi défendu proprement et élégamment.

ACHILLE MAROZZO

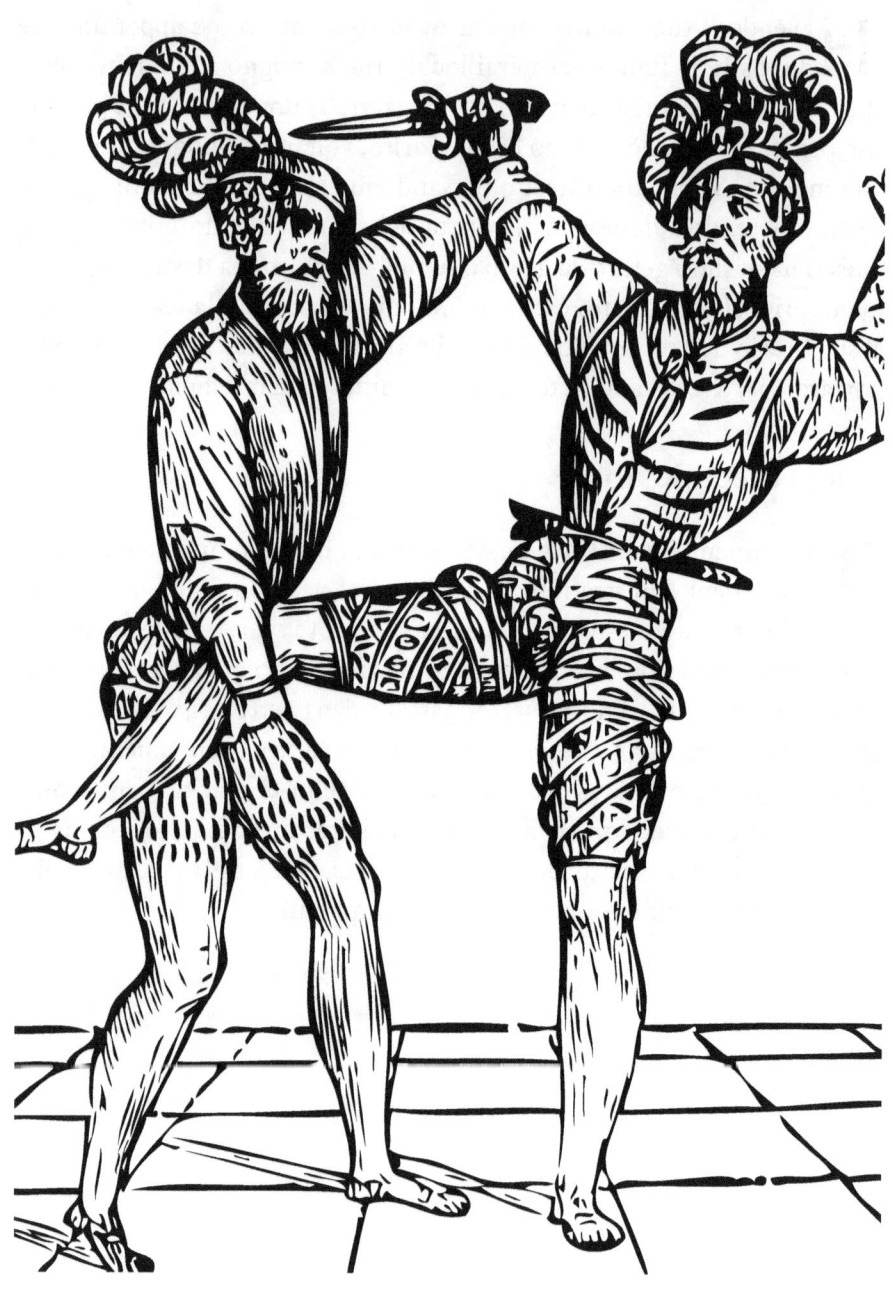

Descritione de la tertia presa.

Volendo declarare il modo, da deffendarsi, da uno che te tirasse de una daghetta per amazarti sopra mano, come in questa Tertia parte si vede, tu te reparerai trahendo la mano tua dritta al bracio destro del tuo inimico, pigliandolo in questo tale gettare il detto bracio per difuori alla roversa, passando in detto tempo con la tua gamba mancha alla destra del sopradetto, pigliando in tale pasare con il tuo bracio mancho la sua gamba dritta, e a questo modo tu lo battera per terra indrieto, e se serai risolto, & gli darai a lui delle ferrite.

Description de la troisième prise.

Je veux décrire la façon de se défendre de quelqu'un qui t'attaque avec une dague par-dessus la main pour te tuer, comme on le voit dans cette troisième partie. Tu te défendras en jetant ta main droite au bras droit de ton ennemi, prenant dans ce mouvement son bras droit par l'extérieur à revers, passant dans ce temps avec ta jambe gauche vers la droite de celui-ci, prenant dans ce pas avec ton bras gauche sa jambe droite, et de cette façon tu le jetteras par terre en arrière. Et en résultat, tu lui donneras des frappes.

ACHILLE MAROZZO

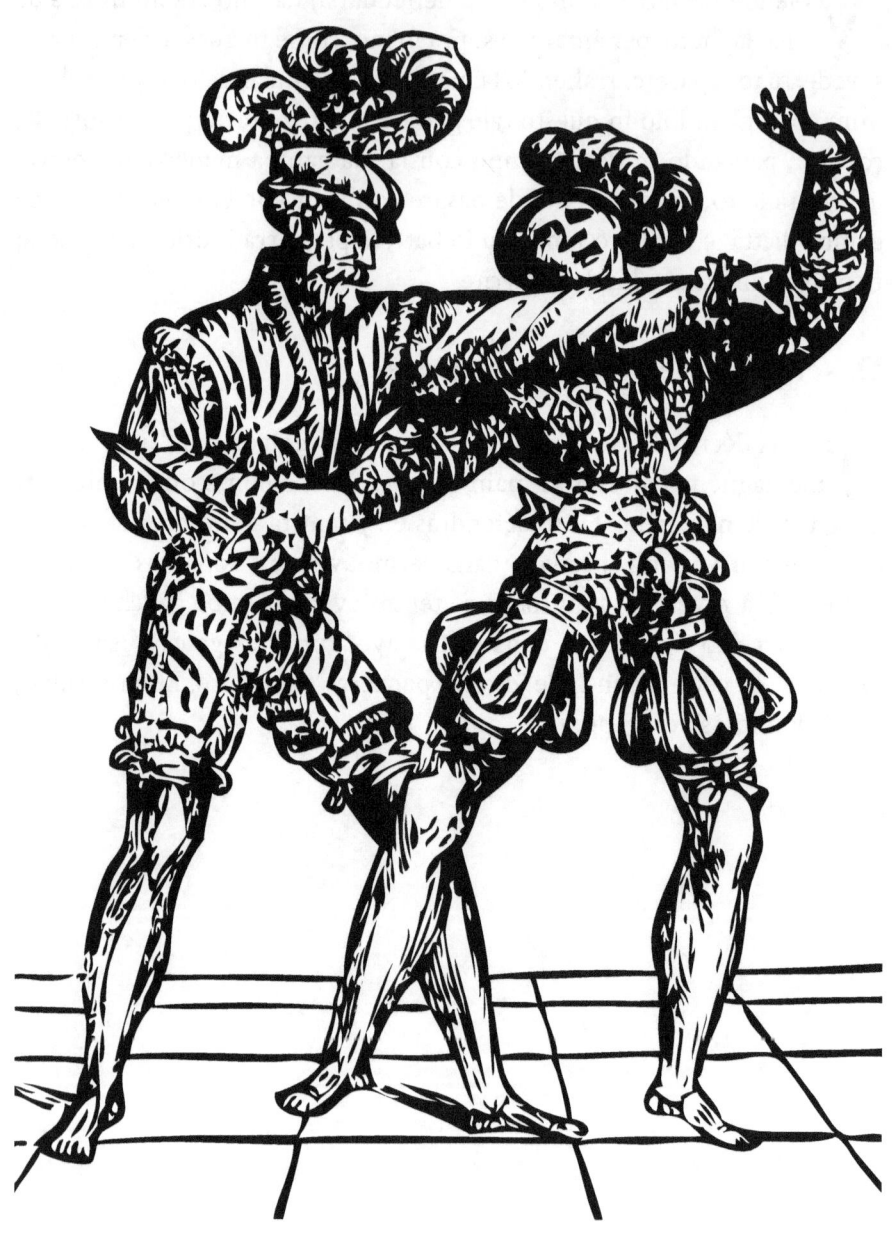

Parlamento della quarta presa.

Hora nota che in questa quarta Presa voglio che quando il tuo inimico te tirasse d'una ponta sotto mane tu te riparerai pigliando con la tua mane destra disopra il suo bracio dritto tenendolo forte stretto pasando in tal pigliare con la tua gamba mancha di drieto alla sua destra, e in tempo de tal pasare tu gieterai il tuo bracio mancho in la gola dinanci al tuo inimico spingendolo di fatto con il detto bracio indrieto verso terra, e con la gamba mancha daragli in la sua dritta di dietro, e a questo modo caschara per terra, e tu serai sicuro galante e polito, e se non intendesse la scrittura guarda di sopra alla pittura.

Parlons de la quatrième prise.

Maintenant, note que dans cette quatrième prise je veux que quand ton ennemi t'attaque d'estoc par-dessous la main que tu te défendes en prenant son bras droit au-dessus avec ta main droite, le tenant fortement serré, passant dans cette prise avec ta jambe gauche derrière sa jambe droite. Et dans le temps de ce pas, tu jetteras ton bras gauche devant la gorge de ton ennemi, le poussant cela fait avec ce bras en arrière vers le sol. Et tu lui donneras de ta jambe gauche par-derrière sa droite. De cette façon il tombera par terre et tu seras sauf, élégant et propre. Mais si tu ne comprends pas l'écrit, regarde l'illustration ci-dessus.

ACHILLE MAROZZO

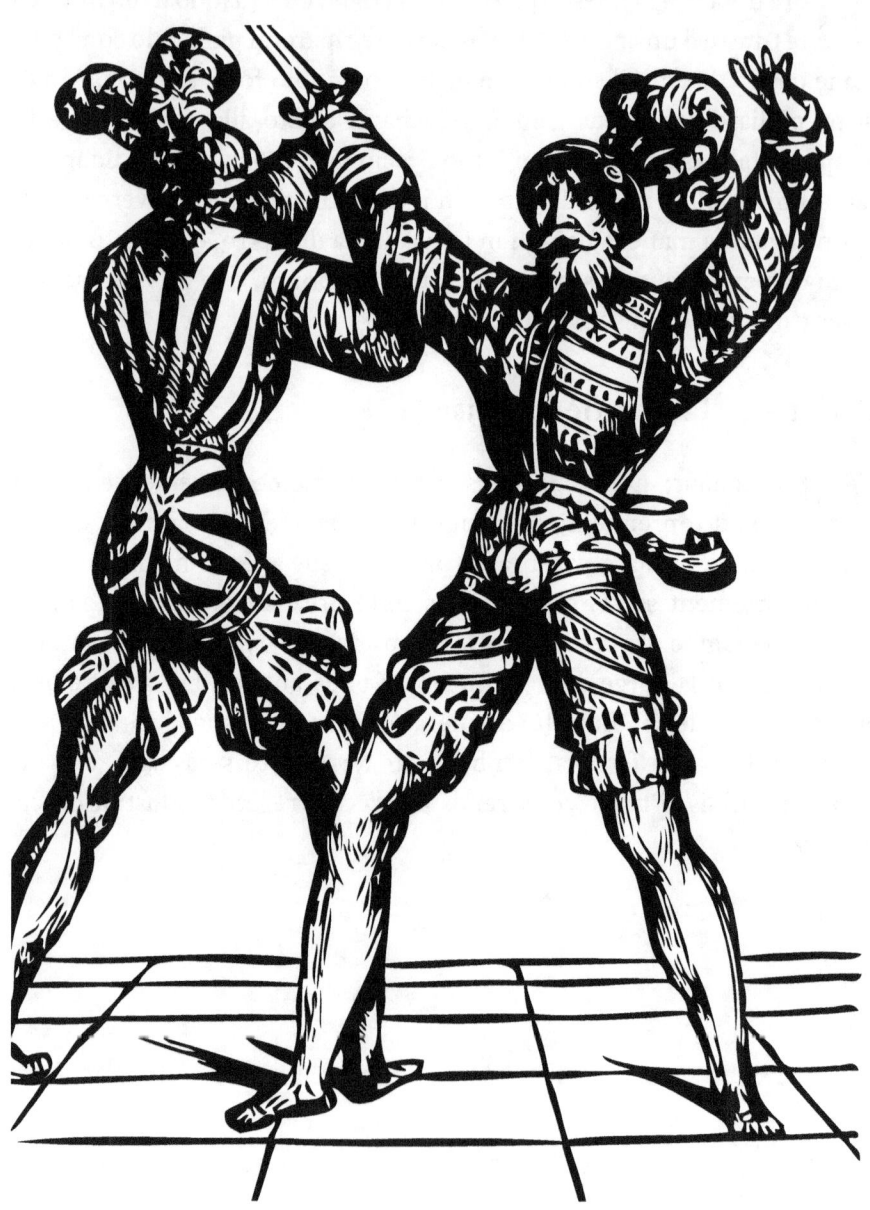

Havendo da trattare della presa V.

In questa quinta Presa e da considerare, che volendo il patiente superare l'agiente, necessaria cosa e arditamente guardare al detto agiente come egli tiene l'armi in man', o soto mane, o sopra mani, ma proponeremo che in questa quinta parte la tenga sopra man', e che lui di su ingiuso trahesse una pontata, o taglio per lo petto, o per la facia, tu te riparerai gietando, e pigliando con la tua man mancha la destra del inimico alla roversa e con la dritta gamba passando, e butandola di drieto a quella del sopra detto pigliando in detto passare con la man tua dritta il destro bracio al tuo inimico per di sotto come tu vidi stringiendo ambe due, & tirando giu a terra fortimente, e nota che per questo tal tirare tu gli romperai il bracio suo dritto cascandogli di subito le sue arme in terra, e serai vincitore, e usito del pericolo galantemente, e polito.

Ayant à traiter de la cinquième prise.

Dans cette cinquième prise, il doit être considéré que si le patient veut surpasser l'agent, il sera nécessaire qu'il regarde ardemment comment cet agent tient l'arme en main, soit par-dessus, soit par-dessous. Mais supposons que dans cette cinquième partie il la tienne par-dessus la main et qu'il tire un estoc ou un coup de taille de haut en bas, à la poitrine ou au visage. Tu te défendras en jetant ta main gauche et en prenant avec à revers la main droite de l'ennemi tout en passant avec ta jambe droite et la jetant par-derrière la sienne. Tu prendras dans ce pas avec ta main droite le bras droit de ton ennemi par en-dessous comme tu vois. Et serrant les deux, tu le tireras fortement au sol. Note qu'avec cette prise tu lui casseras son bras droit chassant aussitôt son arme par terre. Tu seras victorieux et sorti de ce danger élégamment et proprement.

ACHILLE MAROZZO

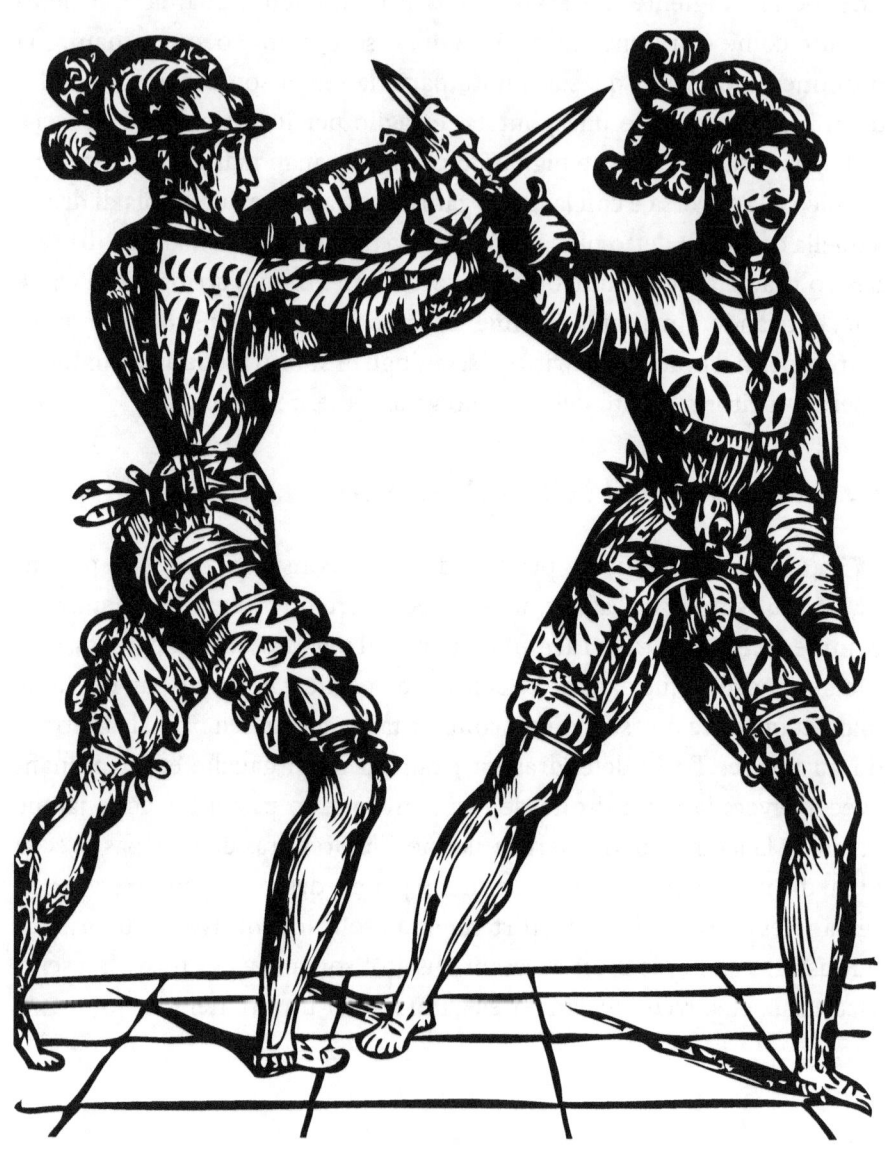

Parlamento della sesta presa.

Tu vedi in questa Sesta parte, che ciascun di voi ha l'arme in man, bisogna adonque adoperare l'ingregno, e considerare de superare il tuo inimico, accio che trahendoti il sopra detto di ponta, o taglio sopra mane, tu te areparerai con l'arma tua pigliandola con ambe due le mane insieme come tu vidi dandogli in detto parare con la tua man mancha una storta in suso, intendendo si del tuo bracio mancho che spingia dal tuo lato destro el dritto tu 'l spingierai forte inentro verso il nimico, e guarda che la tua gamba mancha sia difuori dalla destra del sopra detto, facendo questo se tagliera la mane, e l'armi sua li caschera per terra voltandote le spale come tu vedi.

Parlant de la sixième prise.

Tu vois dans cette sixième partie que chacun de vous a une arme en main. Il est donc nécessaire d'user d'ingéniosité et de considérer de surpasser ton ennemi. Ainsi si celui-ci t'attaque d'un estoc ou d'un coup de taille par-dessus la main, tu te défendras avec ton arme en la prenant à deux mains comme tu vois, lui donnant dans cette parade avec ta main gauche une torsion vers le haut, comprends que ton bras gauche poussera vers ton côté droit et que tu pousseras fortement le droit à l'intérieur vers l'ennemi. Mais regarde que ta jambe gauche soit à l'extérieur de la droite de celui-ci. En faisant cela, il se taillera la main et son arme tombera par terre, en lui tournant les épaules comme tu vois.

ACHILLE MAROZZO

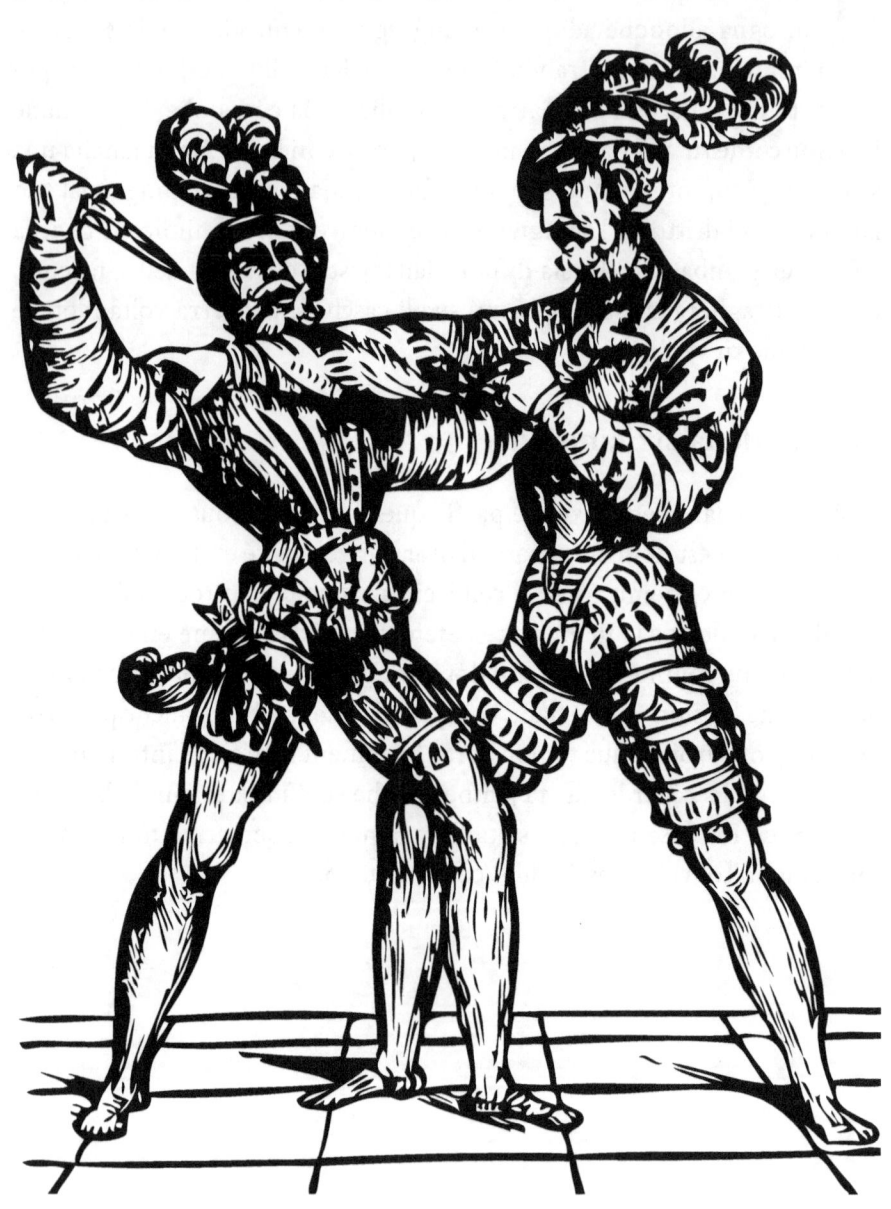

Parlamento de la presa VII.

Hora volendo nui parlare in questa Settima Parte, se un volesse amaciare un'altro che non havesse arme in man', e quello che volesse ferire havesse l'armi sopra man come si vede chel pigliasse l'altro anchora in lo capezo, de qui non bisogna piu aspettare, che tu pigli con la man tua mancha quello chi t'ha pigliato te in lo petto pasando in detto pigliare della tua gamba dritta di fuora dalla mancha del tuo inimico mettendo in detto tempo il tuo braccio destro in la gola al sopradetto, dandogli con la tua gamba destra, in la sua sinistra, spingiendo con il tuo bracio verso le tue parti dritte, per modo che lui per questo convien cascare in terra, e darai a lui delle ferite.

Parlant de la septième prise.

Maintenant, voulant parler dans cette septième partie du cas où quelqu'un veut en attaquer un autre qui n'a pas d'arme en main, et que celui voulant frapper avec l'arme par-dessus la main prenne également l'autre au col comme on le voit. Là, il n'est pas nécessaire d'attendre plus, tu prendras avec ta main gauche celle qui t'a attrapée à la poitrine en passant dans cette prise de ta jambe droite à l'extérieur de la jambe gauche de l'ennemi, mettant dans ce temps ton bras droit dans la gorge de celui-ci. Tu lui donneras de ta jambe droite dans sa gauche en poussant avec ton bras vers ton côté droit de sorte que par cela il en vienne à tomber par terre, alors tu lui donneras des frappes.

ACHILLE MAROZZO

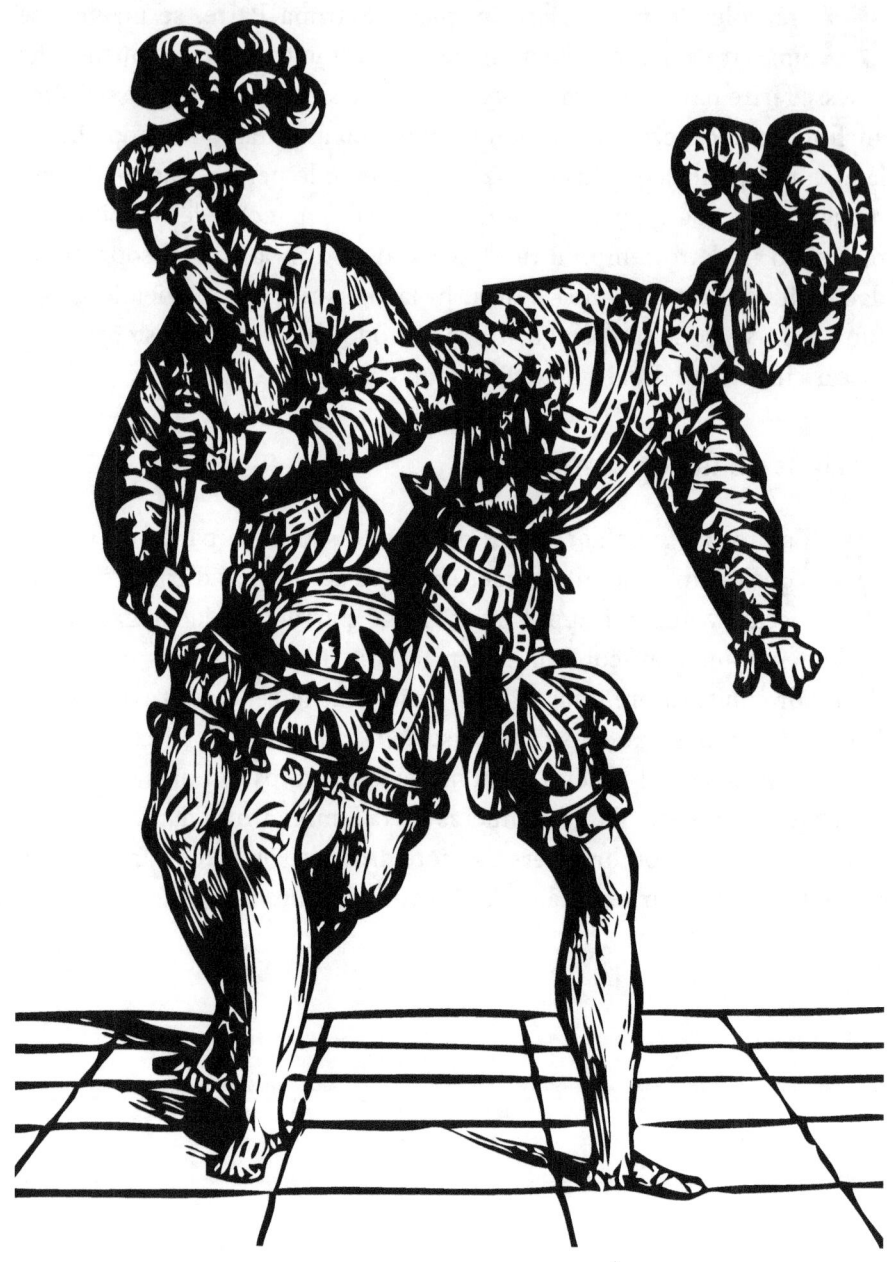

Presa VIII.

A volere chiaramente descrivere queste Prese come vano, sappi tu Lettore che sono di gran faticha, ma pur per dare conforto a quegli che si deleterano glie mostrero che vale la scientia antiqua in questo, e in altro che potra accadere, si che Lettore legi volentiere. Hora havendo qui disopra detto come questo scrivere sie molto defficille a spacificare ogni cosa come vano, mi sforzaro con la mia puocha memoria, a dare adintendere a quelle persone che qui legierano, che atrovando uno che sopra mane volesse ad un'altro dare una ferita, bisogna che con la man sua mancha gli pigli la sua man dritta pasando in tal pigliare da lato dritto dello inimico voltandoglie le spalle al sopra detto pigliandoli in questo voltare l'armi che harai con la sua man dritta voltandola de fatto ala roversa verso le parte dritte, del sopra detto, e per questo voltare de mani, che hara fatto alla roversa, egli tora l'armi di mani a lo inimico, e lui sara presa.

Huitième prise.

À vouloir décrire clairement ces prises comme il advient, sache lecteur que cela est très pénible. Mais pour donner du réconfort à ceux qui seront élus, je leur montre ce que vaut la science ancienne ici et ailleurs suivant ce qui arrivera de sorte que les lecteurs lisent avec volonté. Maintenant, ayant dit ci-dessus comment il est très difficile d'écrire et de décrire toutes les choses comme il advient, je me suis forcé avec mon peu de mémoire de les donner à comprendre à ces personnes qui les liront. Trouvant quelqu'un voulant en attaquer un autre avec l'arme par-dessus la main, il est nécessaire qu'il prenne la main droite de l'ennemi avec sa main gauche en passant dans cette prise du côté droit de l'ennemi, tournant les épaules à celui-ci et lui prenant dans ce mouvement avec la main droite l'arme qu'il aura en la tournant de fait à revers vers le côté droit de celui-ci. Et par ce tour de main qu'il aura fait à revers, il tirera l'arme de la main ennemie et il lui aura pris.

ACHILLE MAROZZO

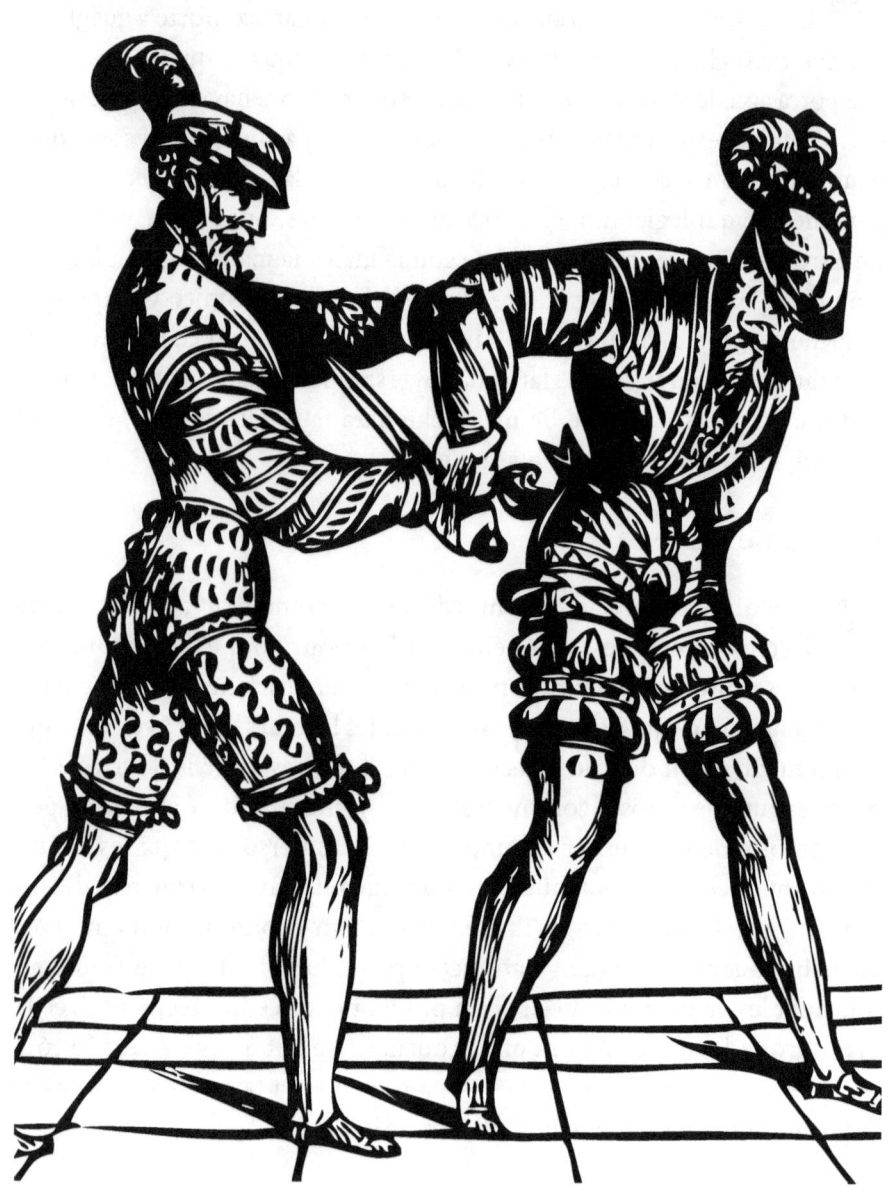

Presa VIIII.

Io t'ho mostrato in piu lochi de molte Prese differentiate l'una da l'altra in scrittura, & anchora in pittura facendoti intendere che si glie uno pratico, fara queste cose facilmente havendo cuore, e sapi come ho detto piu indrieto, eglie di bisogno fermare l'ochio tuo sempre alla mane del tuo inimico, & vedere in questa nona parte quello che lui vole fare, perche traendoti lui de una ponta di daghetta, o pugnalata sopra mano, tu te reparerai pigliando el suo bracio dritto con la tua man destra alla roversa, e con la mancha piglierai il gombito al sopradetto stringendole, e storcendolle verso terra come tu vedi, gietando la tua gamba mancha inanci de drieto alla destra dello inimico storcendo, e spingendo el suo bracio ditto sota dal meggio ingioso verso le tue bande sinistre, e la tua man mancha tu la spingerai verso le tue parte destre, in modo che lui per forza te voltara le spale, e non voltando, tu glie romperai il bracio al sopra detto inimico, & serai securo di tal pericolo.

Neuvième prise.

Je t'ai montré dans plusieurs endroits beaucoup de prises différentes les unes des autres, à l'écrit comme en illustrations. Je te fais comprendre que si elles sont pratiquées, elles seront faites facilement avec du courage. Sache comme je t'ai dit plus avant, qu'il est nécessaire de toujours avoir les yeux fixés à la main de ton ennemi afin de voir dans cette neuvième partie ce que lui veut te faire. Parce que s'il t'attaque d'un estoc de la dague ou du poignard, par-dessus la main, tu te défendras en prenant son bras doit avec ta main droite à revers. Et avec la gauche, tu prendras le coude de celui-ci, le serrant et le tournant vers le sol comme tu vois, en jetant ta jambe gauche devant et derrière la droite de ton ennemi. Tu tourneras et pousseras son bras droit sous le milieu en bas vers ton côté gauche, et tu pousseras ta main gauche vers ton côté droit de sorte qu'il soit forcé de te tourner les épaules. Et s'il ne tourne pas, tu casseras le bras de cet ennemi et tu seras sauvé de cette menace.

ACHILLE MAROZZO

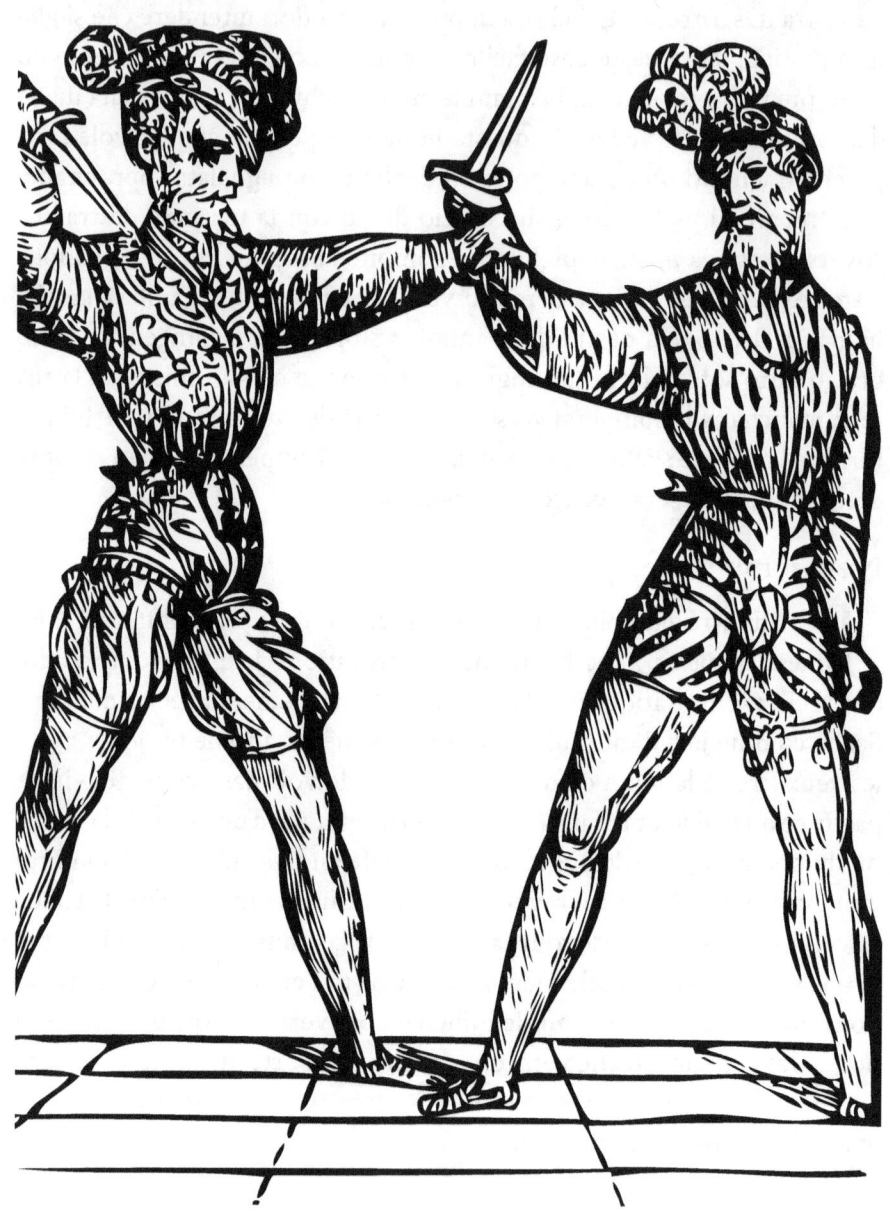

Presa X.

Essendo tu asaltato da uno che havesse una Daghetta sopra man', e tu ne havesse una come lui, tu te meterai con la gamba mancha inanci asettato e polito, metendo l'ochio tuo fisso al suo bracio dritto non ti movendo di niente, perche trahendoti lui il tuo inimico per darti delle ferite, tu reparerai, pigliando con la tua mane mancha el suo Bracio dritto alla roversa come tu vede dandogli in tal pigliare una storta in drieto con la tua man sinistra, e potragli dare alui delle ferite.

Dixième prise.

Étant attaqué par un qui a une dague par-dessus la main, et toi en ayant une comme lui, tu te mettras avec la jambe gauche devant arrangé et proprement en gardant les yeux fixés à son bras droit sans bouger aucunement. Si ton ennemi t'attaque pour te donner une frappe, tu te défendras en prenant son bras droit à revers avec ta main gauche comme tu vois, en lui donnant dans cette prise une torsion en arrière avec ta main gauche. Et tu pourras lui donner une frappe.

ACHILLE MAROZZO

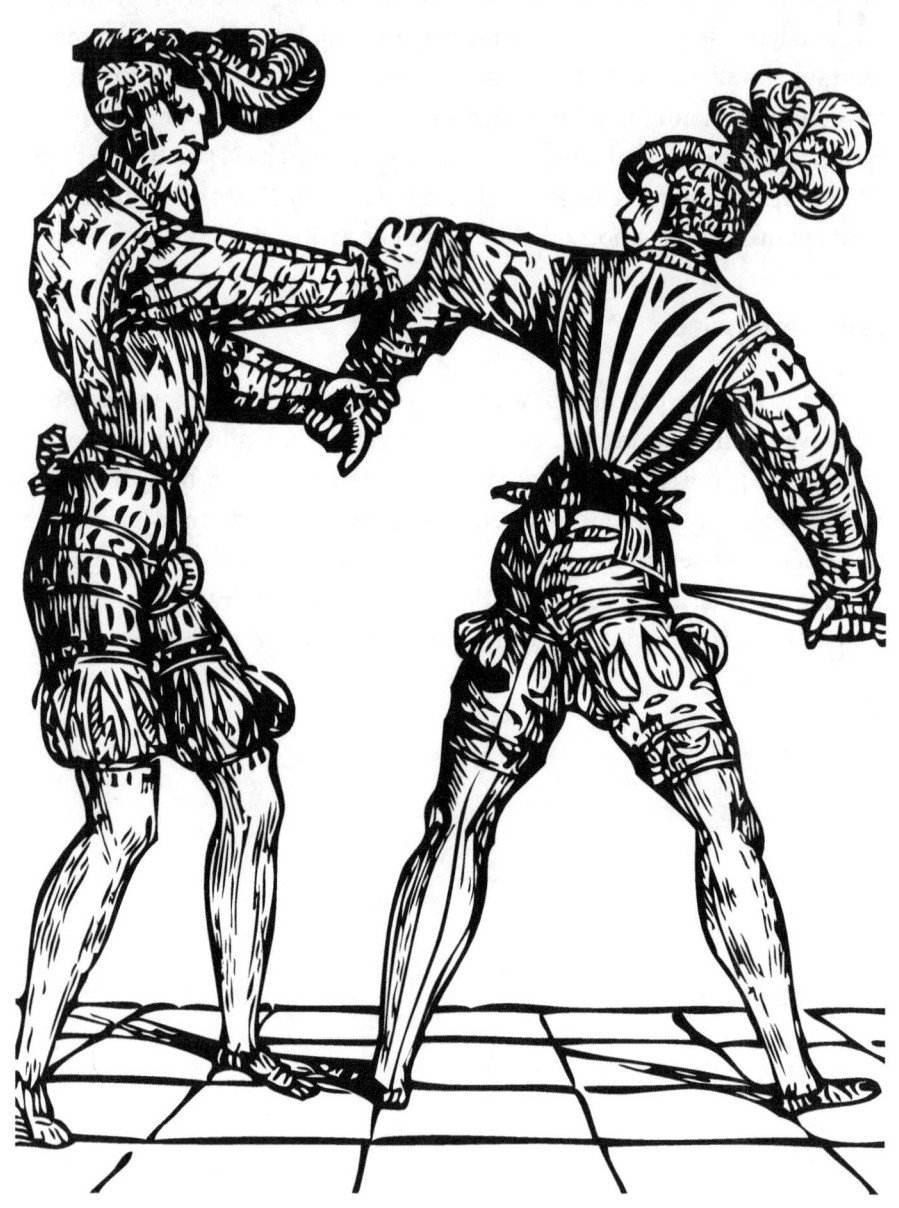

Presa XI.

Havemo da considerare in questa undecima Presa, che accadendo, che uno venisse inanci col bracio suo mancho, & piede come tu vedi per darte delle ferite, tu hai da pensare chel vien in questo modo, acio che non li possi pigliare el suo braccio dritto, et tu vedendo questo gli pigliarai con la man tua mancha il bracio apresa el pugno al sopra detto, e con la destra man tu pigliarai el suo gombito, trahendo tu, o vero gettando in tal pigliare la tua gamba mancha, avanti alla tua dritta, e subito in tal pasare darai una storta al bracio al tuo inimico con tutte le tue mani voltando forte, e a questo modo harai fugito la morte, e per questa Presa che tu harai fatto te voltara le spalle, o gli romperai il bracio.

Onzième prise.

Nous devons considérer dans cette onzième prise le cas où quelqu'un vient avec son bras gauche et son pied gauche devant, comme tu vois, pour te donner des frappes. Tu dois penser qu'il vient de cette façon afin que tu ne puisses pas lui prendre son bras droit. Toi voyant cela, tu lui prendras son bras avec ta main gauche auprès de son poignet, et avec la main droite tu lui prendras son coude, en tirant ou alors en jetant dans cette prise ta jambe gauche devant la droite. Et aussitôt dans ce déplacement, tu donneras une torsion au bras de ton ennemi avec tes deux mains pour le faire tourner fortement. De cette façon, tu auras fui la mort et par cette prise que tu lui auras faite, il tournera ses épaules ou tu lui casseras son bras.

ACHILLE MAROZZO

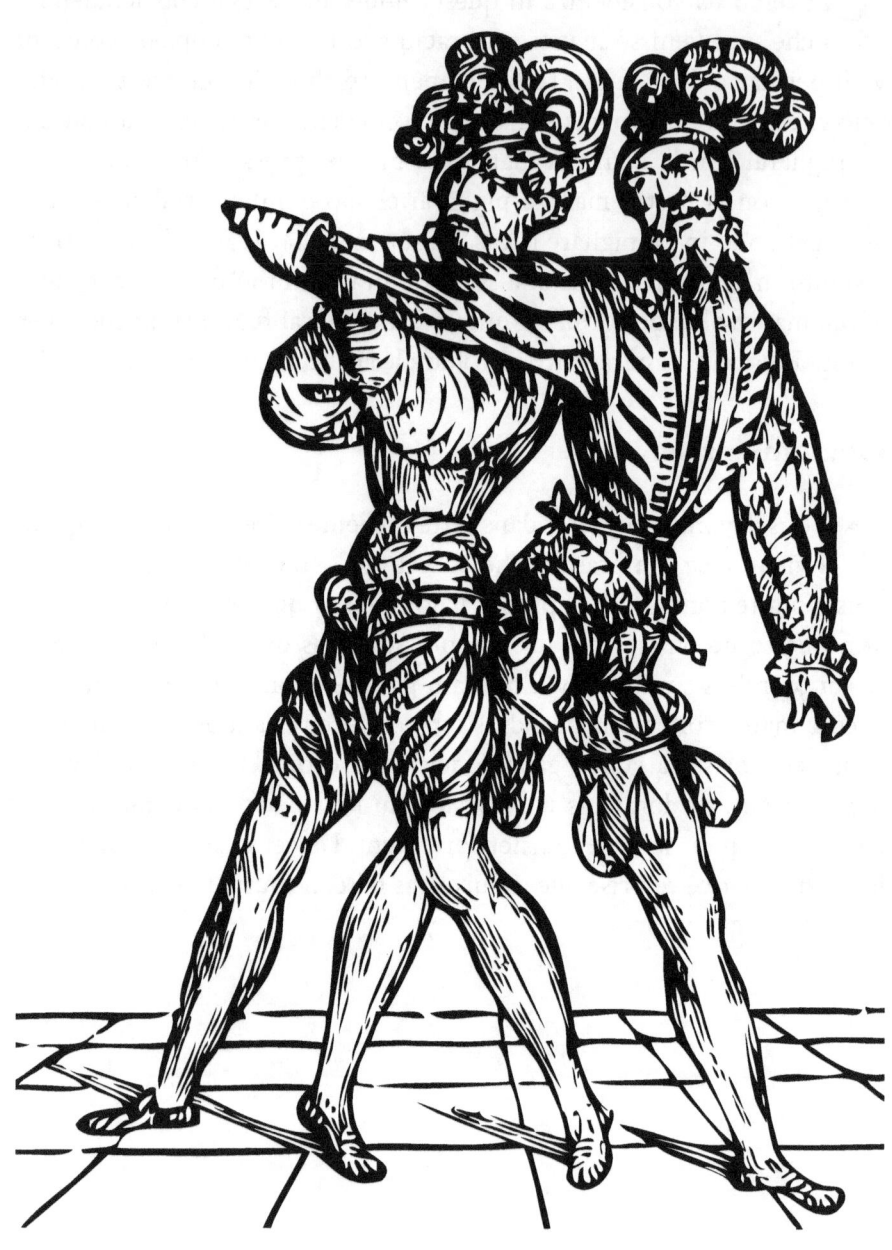

Presa XII.

Hora nota che se tu te trovasse, a non havere armi in man' el tuo inimico n'havesse una sopra man, per volerti percuotere di una ferita, tu gitarai la tua gamba mancha inanci di fuora dalla dritta del tuo inimico, e pigliarai in tal pasare con la tua man mancha il suo bracio dritto gittandoglie di fatto anchora la tua dritta con ambe due, stringendo il bracio, al sopra detto, pirlando in ditto tempo in si tuoi piedi, e nota che in tal pirlare tu meterai el suo bracio dritto, e se la tua spalla mancha voltandoglie le spale in continente, e sappi che per tale voltare che tu harai fatto, lasara l'armi, o gli romperai il bracio.

Douzième prise.

Maintenant, note que si tu te trouves sans avoir d'arme en main et que ton ennemi en a une par-dessus la main afin de te percuter d'une frappe, tu jetteras ta jambe gauche devant à l'extérieur de la jambe droite de ton ennemi, et dans ce pas tu prendras son bras droit avec ta main gauche, en lui jetant de fait aussi ta main droite. Tu serreras le bras de celui-ci avec tes deux mains en tournant dans ce temps sur tes pieds. Et note que dans ce mouvement, tu mettras son bras droit sur ton épaule gauche, lui tournant le dos en continu. Et sache que par ce mouvement que tu auras fait qu'il laissera l'arme ou qu'alors tu lui casseras le bras.

ACHILLE MAROZZO

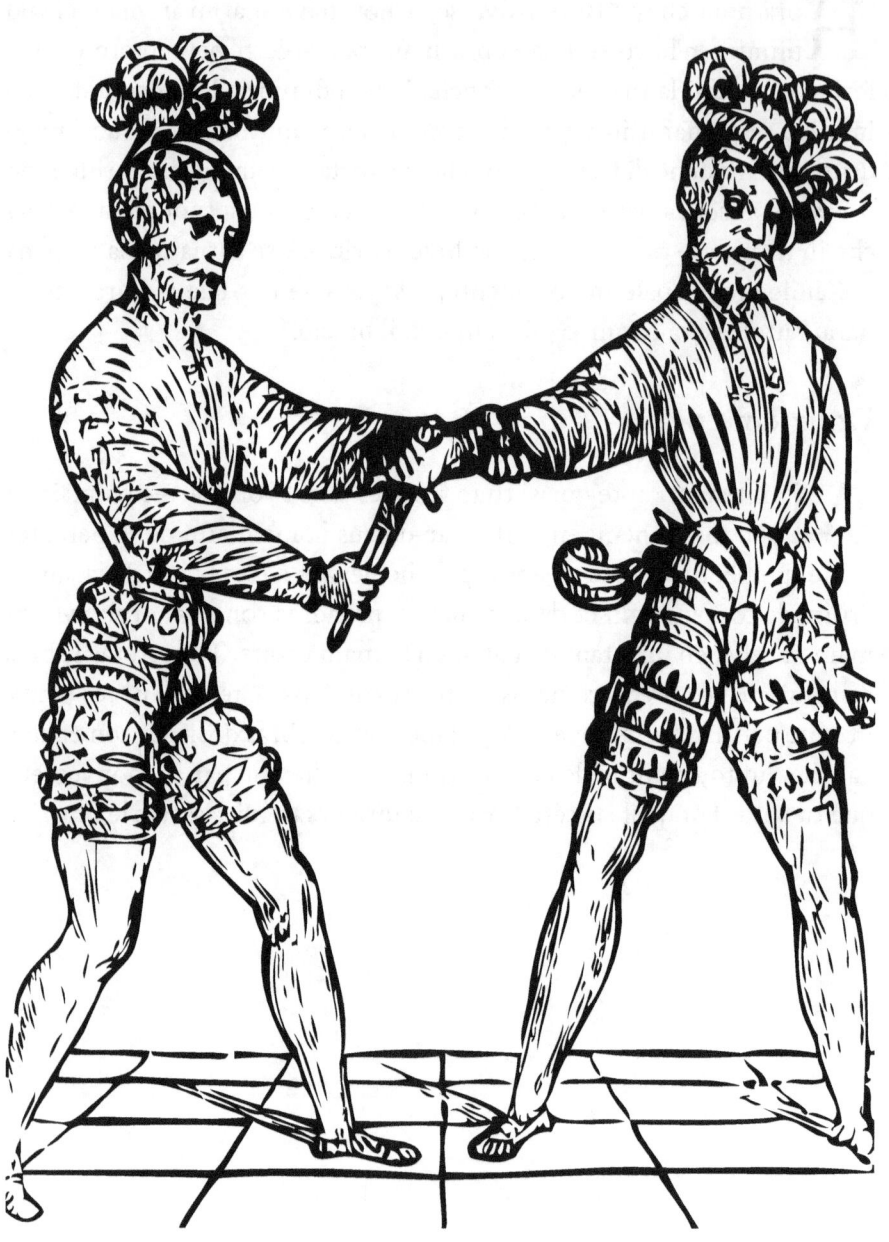

Presa XIII.

Havendo in questa tertiadecima parte il tuo nimico l'armi sotto mani come tu vedi, tu non volendo fugire tu ti fermerai saldo in su li tuoi piedi guardandoglie a le mani, vederai il movimento che fara el sopra detto, perche trahendoti lui una ponta per lo petto, tu te reparerai, pigliando con la tua mancha mane el suo bracio dritto, e con la tua dritta mane, tu gli torai l'armi di mane al suo dispetto, dandoglie una storta alla roversa metendo in questi tempi la tua gamba mancha scontro alla drita del sopra detto, forte distesa per lo dritto guardando alla figura imprenderai tu gli tora l'armi di mano, e salvo serai.

Treizième partie.

Ayant dans cette treizième partie ton ennemi avec l'arme sous la main comme tu vois, toi ne voulant pas fuir tu t'arrêteras solidement sur tes pieds, regardant à ses mains pour voir le mouvement que celui-ci fera. S'il te tire un estoc à la poitrine, tu te défendras en prenant son bras droit avec ta main gauche, et avec la droite tu lui tourneras l'arme de la main à son dépit, lui donnant une torsion à revers en mettant dans ce temps ta jambe gauche contre la droite de celui-ci, et fortement tendue vers la droite. En regardant l'illustration, tu apprendras. Tu lui tourneras l'arme de la main et tu seras sauf.

ACHILLE MAROZZO

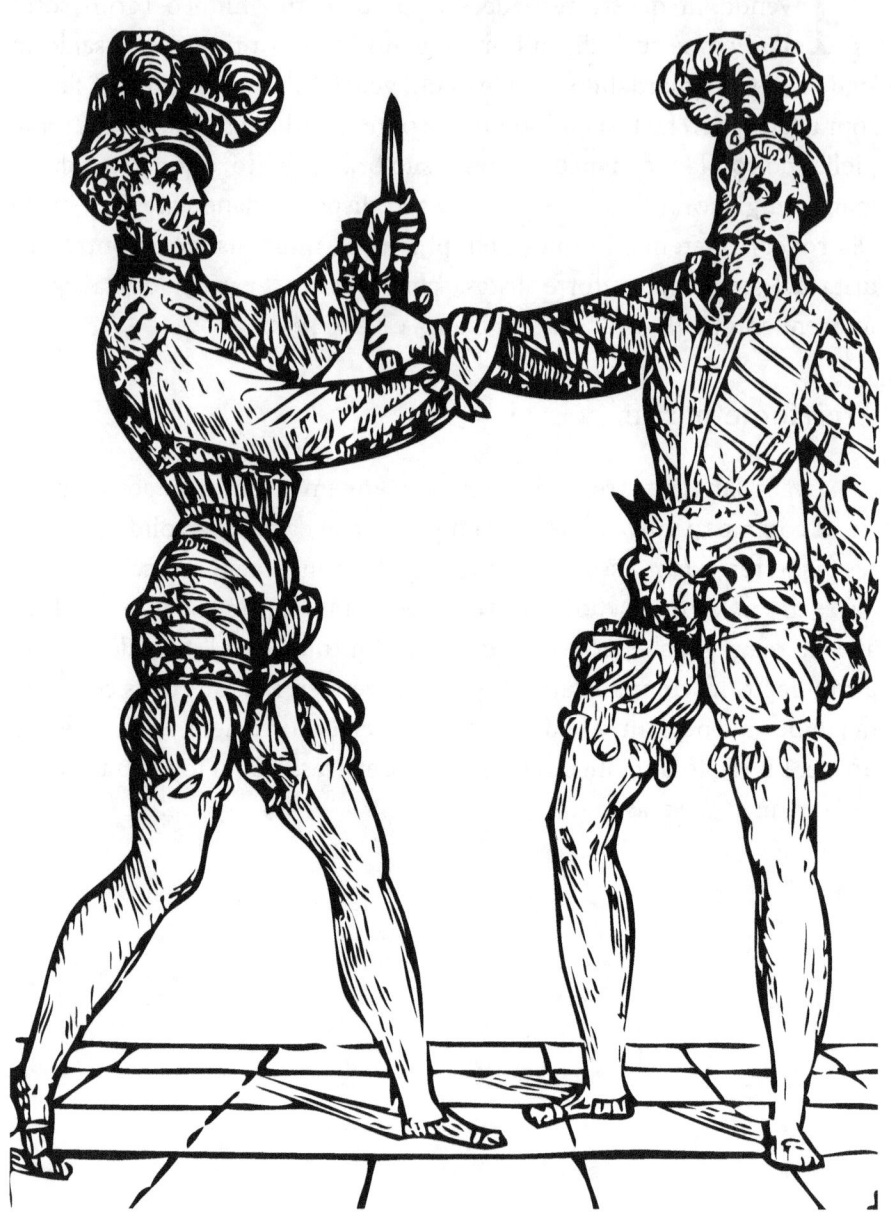

Presa XIIII.

Essendo alle mani senza armi, scontro al tuo inimico, tu te asetarai del tuo pie dritto indrieto, e con lo mancho sera allo incontro del destro del sopra detto, tenendo forte l'ochio al suo bracio dritto, perche trahendoti per darti delle ferite, tu te ariparerai con la mane tua dritta, pigliando in questo tempo el suo bracio destro per di sopra, e con la man mancha piglierai l'arme sua alla roversa, inmegio al tuo inimico, dandogli una storta in questo tempo, e sappi che detta storta, o volta di pugno che tu farai, bisogna che tu la volti a l'insuso, verso la parte dritta del inimico e facendo a questo modo, tu gli levarai l'armi di man al suo dispetto.

Quatorzième prise.

Étant sans arme en main contre ton ennemi, tu t'arrangeras du pied droit derrière et le gauche sera à l'encontre de son pied droit, tenant fermement les yeux à son bras droit. Parce que lui t'attaquant pour te donner des frappes, tu te défendras avec ta main droite en prenant dans ce temps son bras droit par-dessus, et avec la main gauche tu prendras son arme à revers en son milieu en donnant une torsion dans ce temps. Et sache que cette torsion, ou volte du poing que tu feras, qu'il est nécessaire que tu la fasses vers le haut vers le côté droit de l'ennemi. En faisant de cette façon, tu lèveras l'arme de sa main à son dépit.

ACHILLE MAROZZO

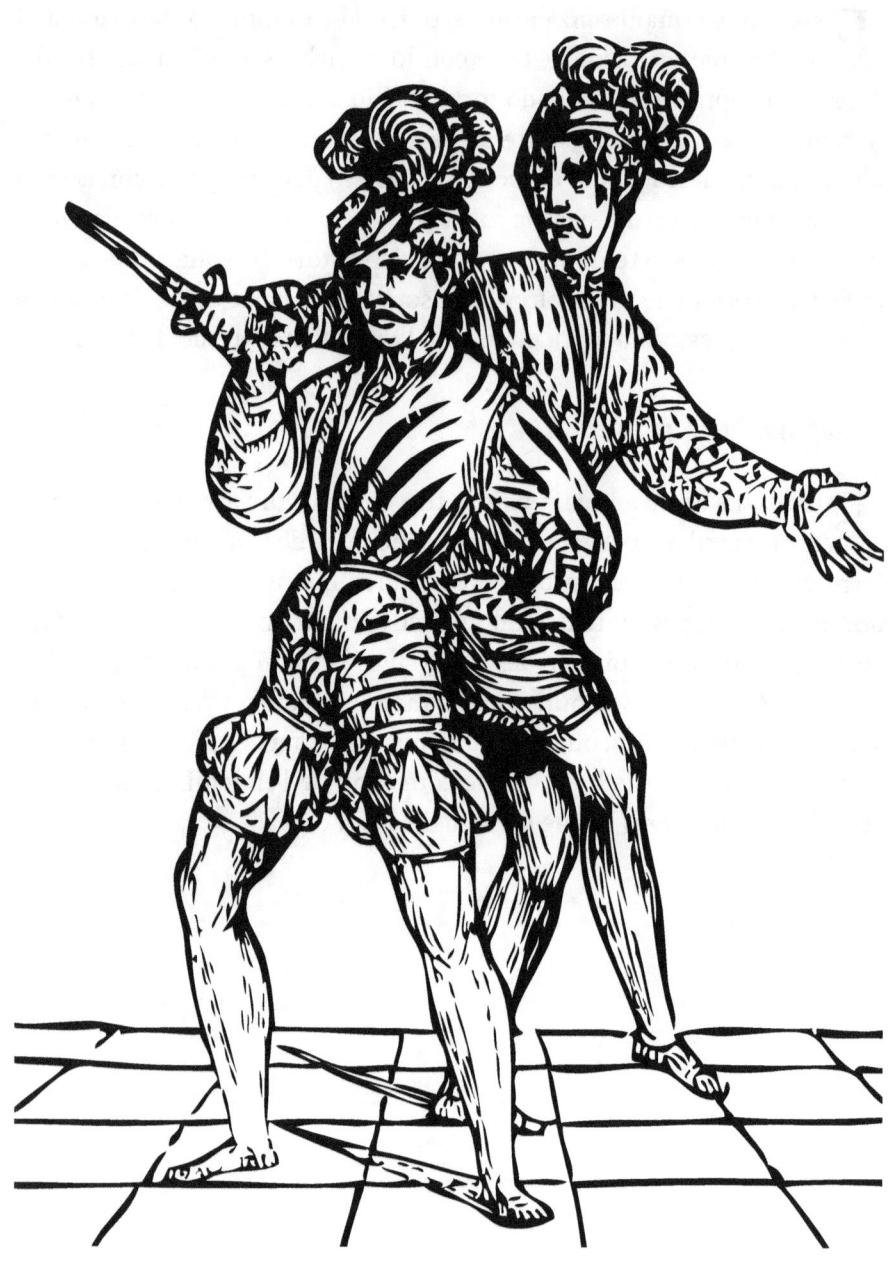

Presa XV.

In questa quintadecima Presa, gli seria di molte cose da scrivere, ma perche queste Prese sono tanto difficili da scrivere, al piu che potro brievemente ne scrivero. Si che sel fosse uno che ti venisse allinscontro con un Pugnale, o Stilo, o Dagheta per amazarti sopra man, tu te riparerai, pigliando el suo bracio destro con la tua man dritta, per lo dritto acompagnando in questo tempo il tuo piede destro con la tua man dritta, non ti fermando di niente che tu pirli in sul pie dritto e volterai le spalle al sopra detto inimico gietando in tal voltar la tua mancha gamba alla dritta per di drieto verso le parte dritte del sopra detto, e in questo tal gietar tu pigliara la gamba dritta con il tuo bracio mancho del tuo inimico, e facendo questo lo gittarai per terra, o cascara indrieto, o portaralo via come tu vede.

Quinzième prise.

Dans cette quinzième prise, il y aura beaucoup de choses à écrire, mais bien que ces prises soient si difficiles à écrire, je le ferai le plus brièvement possible. Ainsi, si quelqu'un vient à ton encontre avec un poignard ou un stylet ou une dague par-dessus la main pour t'attaquer, tu te défendras en prenant son bras droit avec ta main droite par la droite, accompagnant dans ce temps ton pied droit avec ta main droite. Sans t'arrêter aucunement, tu tourneras sur le pied droit et tu tourneras les épaules à cet ennemi, en jetant dans ce mouvement ta jambe gauche par-derrière sa droite vers son côté droit. Dans ce mouvement, tu prendras la jambe droite de ton ennemi avec ton bras gauche et en faisant cela, tu le jetteras par terre, ou le feras tomber en arrière, ou tu le porteras comme tu vois.

ACHILLE MAROZZO

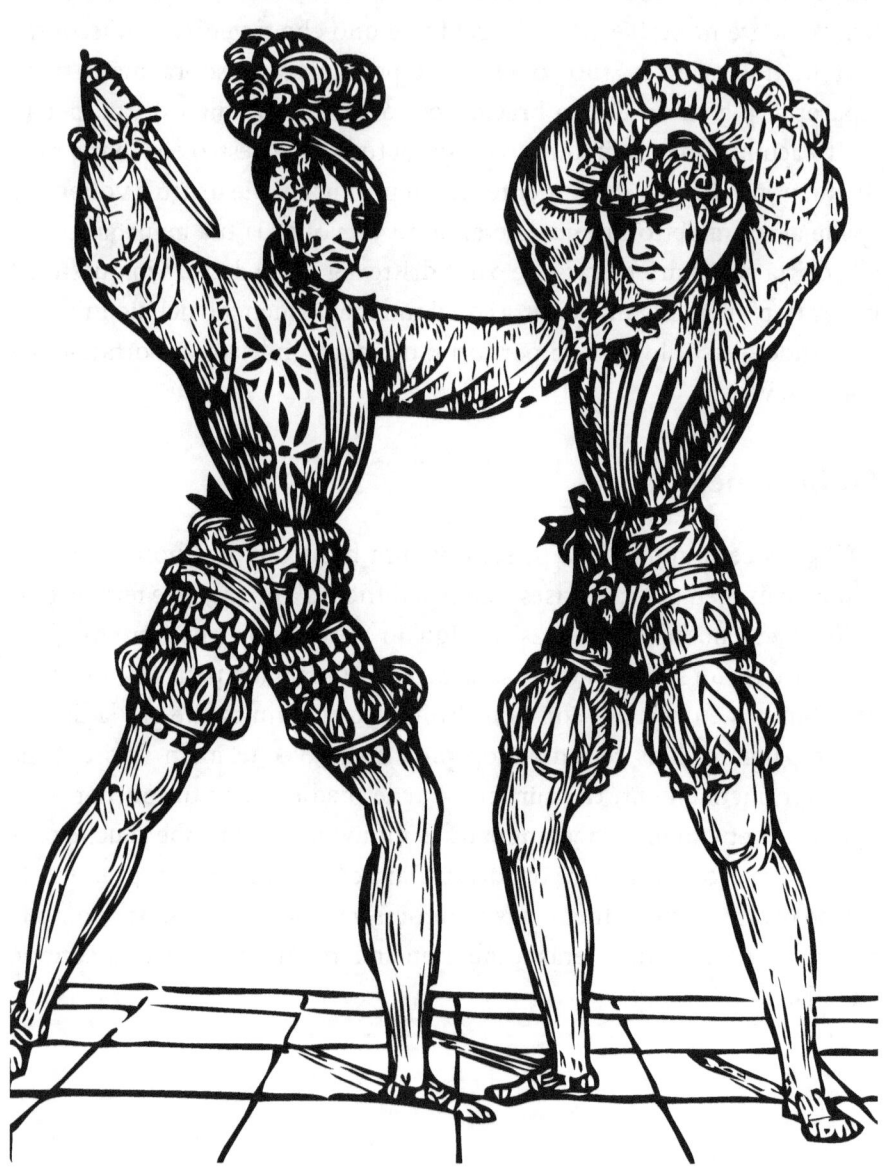

Presa XVI.

Havemo da notare la sesta decima Presa. Hora guarda ben che sel fosse un tuo inimico, che con la sua man mancha ti pigliasse in lo petto, per darti d'un Pugnale sopra mane delle ferite, tu te disolverai dandogli di fatto con le tue bracie insieme in sul lo bracio mancho al sopra detto, ma nota per questo dare serai risolto, e serai securo, e diffensato serai, notificando a ogni persona, che debia guardare come stano sempre le figure, acio che meglio e piu chiaramente possano imparare d'ofendere, e difensare.

Seizième prise.

Nous devons décrire la seizième prise. Maintenant, regarde bien que si ton ennemi t'attrape à la poitrine avec sa main gauche pour te donner des frappes du poignard par-dessus la main, tu te déroberas en donnant de fait avec tes bras ensemble sur le bras gauche de celui-ci. Mais note que pour faire cela, tu devras être résolu, tu seras ainsi sauf et protégé. J'informe tout le monde que l'on doit toujours regarder les illustrations de sorte qu'ils puissent apprendre mieux et plus clairement, à offenser et à défendre.

ACHILLE MAROZZO

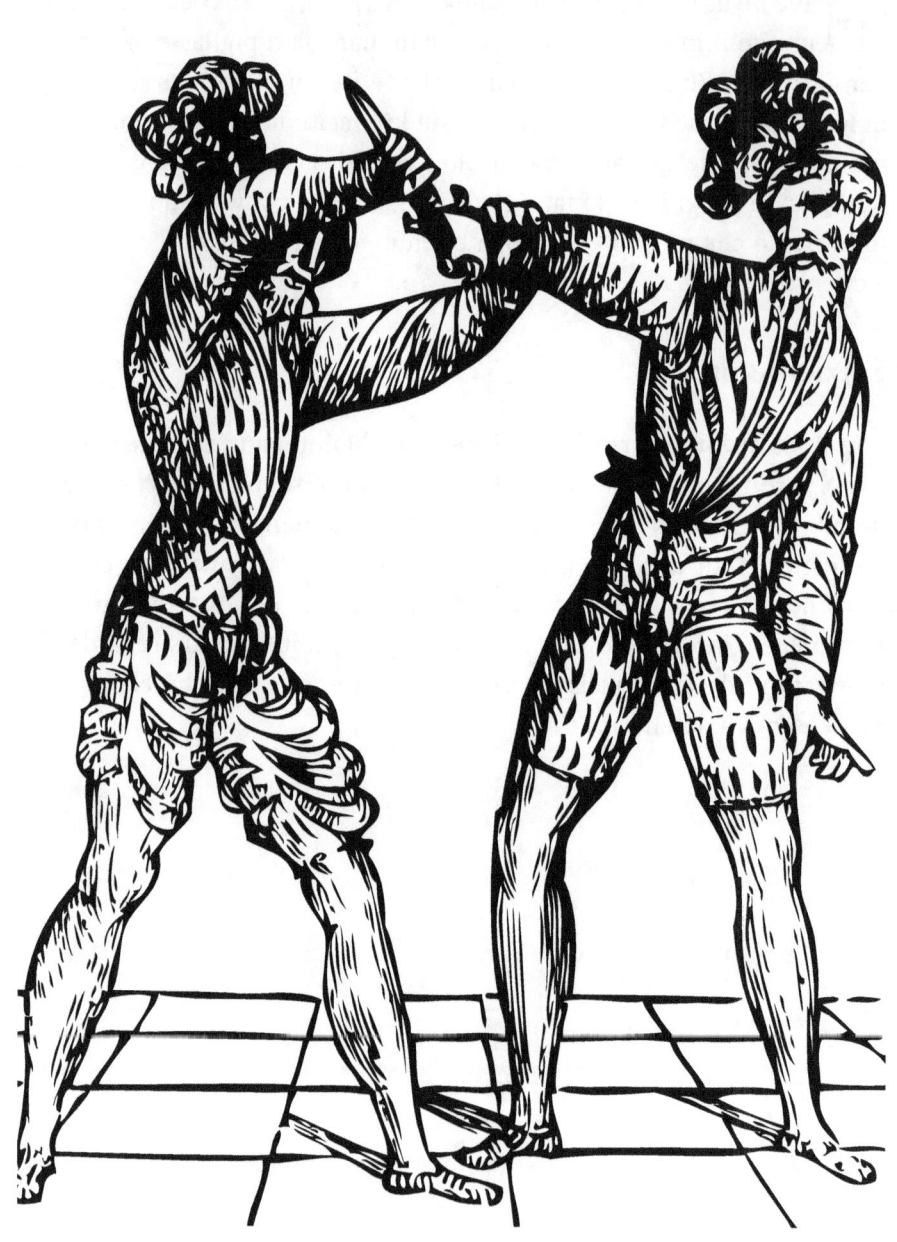

Presa XVII.

Diremo adonque, che venendo tu il tuo inimico con una arma in mane come tu vedi, bisogna per tuo ripare, che tu gli traghe la tua mane mancha al suo bracio dritto, pigliandole alla roversa el bracio al sopra detto, e con la dritta mane tu gli pigliarai el stiletto dandogli di fatto una gran storta indrieto verso le sue parti destre con ambe due le mani gli torai l'armi di mane al suo dispetto, e a questo modo amaciaralo, gli darai delle ferite, al sopra detto.

Dix-septième prise.

Je dis donc que voyant ton ennemi avec l'arme en main comme tu vois ici, il est nécessaire pour te défendre que tu jettes ta main gauche à son bras droit, prenant à revers le bras de celui-ci, et avec la main droite tu prendras le stylet en lui donnant de fait une grande torsion en arrière vers son côté droit avec les deux mains. Tu lui prendras l'arme de sa main à son dépit et de cette façon, tu donneras une frappe à celui-ci et tu le battras.

ACHILLE MAROZZO

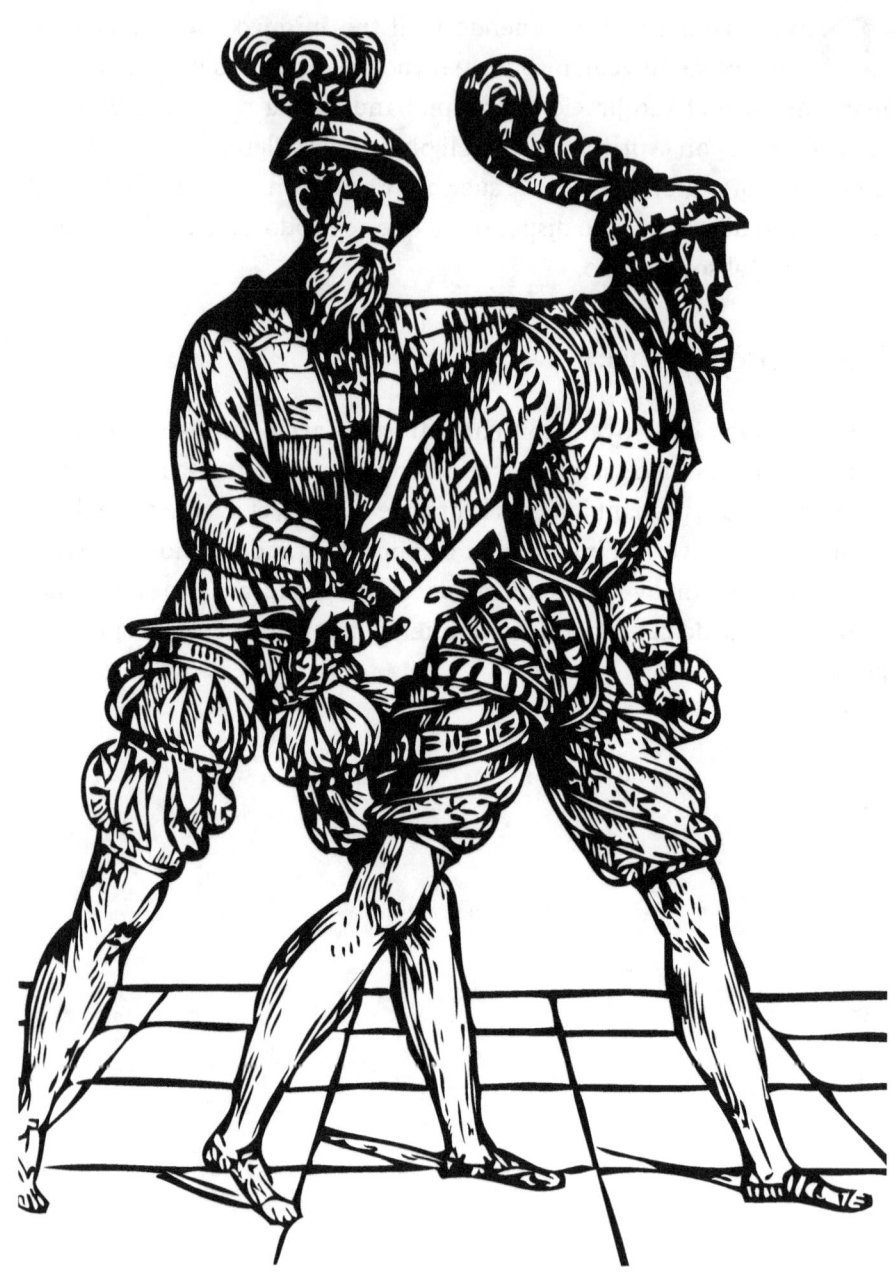

Presa XVIII.

In questa decima ottava Presa se ben hai guardato questa figura al'armi sotto mane, e pero per questo bisogna che quando uno ariva avanti al suo inimico, le bona cosa a guardarli alle mani, accio che meglio si possi diffensare, ma pochi sono che habbiano tal vedere, perche non hanno praticato con le persone che gli habia dato tal amaestramento, si che per questo starai molto acorto guardando sempre alla man dritta del sopra detto, perche trahendoti egli una ponta sotto man'el tuo inimico per darti nel petto, tu te reparerai pigliando con la tua man dritta, la mane destra al sopra detto pasando subito con la tua mancha gamba di drieto ambe due quelle del inimico, pigliando in tal passare la barba, o capelli con la tua man mancha per di drieto come tu vede, e subito fatto questo tu lo tirerai allo indrieto, e bateralo in terra togliendogli l'armi di man sera sicuro, e lo potrai amazare, si che non ti far beffe di queste prese, perche chi le sara ben fare non sara offese.

Dix-huitième prise.

Dans cette dix-huitième prise, si tu as bien regardé cette illustration, l'arme est par-dessous la main. Et pour cela, il est nécessaire et une bonne chose que quand quelqu'un arrive près de son ennemi qu'il regarde les mains de sorte qu'il puisse mieux s'en défendre. Mais peu sont ceux qui regardent, car ils n'ont pas pratiqué avec des personnes qui leur ont donné de telles instructions. Donc, pour cela tu resteras bien attentif en regardant toujours la main droite de celui-ci. Parce que si ton ennemi te tire un estoc par-dessous la main pour te frapper à la poitrine, tu te défendras en prenant la main droite de celui-ci avec ta main droite, passant aussitôt avec ta jambe gauche derrière les deux jambes de ton ennemi, en prenant dans ce pas la barbe ou les cheveux avec ta main gauche par-derrière comme tu vois. Aussitôt cela fait, tu le tireras en arrière et tu le frapperas au sol. En lui tirant l'arme de sa main, il sera sûr et tu pourras le frapper. Donc, ne te moque pas de ces prises, car ceux qui savent les faire ne seront pas offensés.

ACHILLE MAROZZO

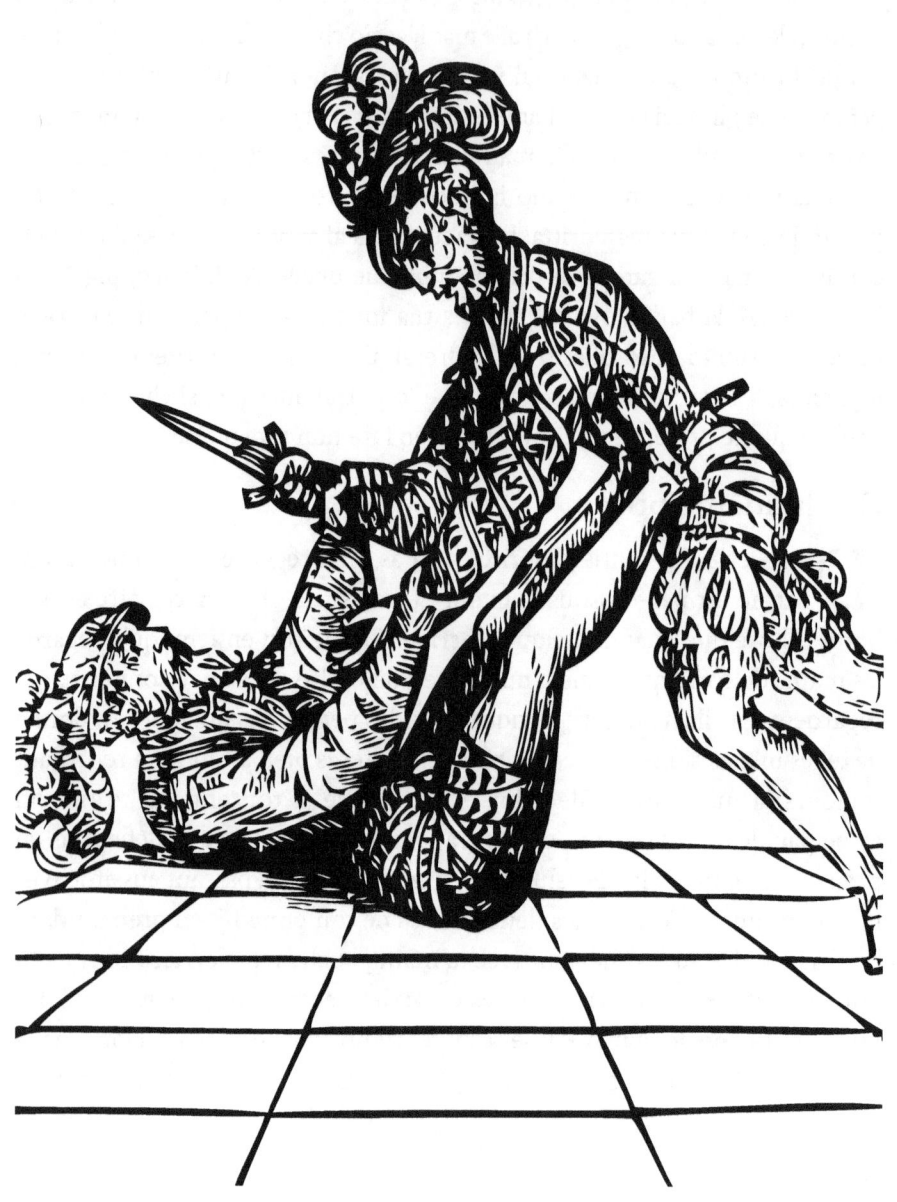

Presa XVIIII.

Disponeremo in questa parte un dubio molto sottile, perche volendo, in questo tempo fare Presa, che sara molto utile, e laudabille da ogni persona, e uscirai senza pericollo, di mane del tuo inimico, eglie di bisogno che quando el sopra detto ti venisse contra con l'armi sotto mane per amazarte, o darte delle ferite, tu te reparerai pigliando con la man mancha il bracio destro di sopra al sopra detto, e con la man dritta pigliarai el bracio suo sinistro tenendolo forte, e stretto, e subito in tal pigliare tu te lascerai cadere in terra indrieto metendo glie in tal cadere ambidui gli piedi in lo corpo, o petto, tirando a te le bracia, e con gli piedi tu il gitarai di drieto di sopra dalla testa, e per questo tal gittare tu gli romperai la testa, e farali un grandissimo male, levandoti suso presto, e torangli le sue armi, parendo a te, tu lo potrai amazare.

Dix-neuvième prise.

Je lève dans cette partie un doute bien mince, parce que je veux maintenant faire une prise qui sera très utile et louable pour tout le monde et dont tu te sortiras sans crainte des mains de ton ennemi. Il est donc nécessaire que quand celui-ci vient à toi avec l'arme par-dessous la main pour t'attaquer ou te donner des frappes, que tu te défendes en prenant le bras droit de celui-ci par-dessus avec ta main gauche, et tu prendras son bras gauche avec la main droite. En le tenant fortement serré, aussitôt dans cette prise tu te laisseras tomber par terre en arrière en mettant dans cette chute les deux pieds dans son corps ou sa poitrine. En tirant à toi les bras, tu le jetteras avec les pieds par-derrière au-dessus de ta tête et par ce mouvement, tu lui casseras la tête et lui feras un grand mal. Te relevant rapidement et lui prenant son arme, tu pourras l'attaquer comme il te plaît.

ACHILLE MAROZZO

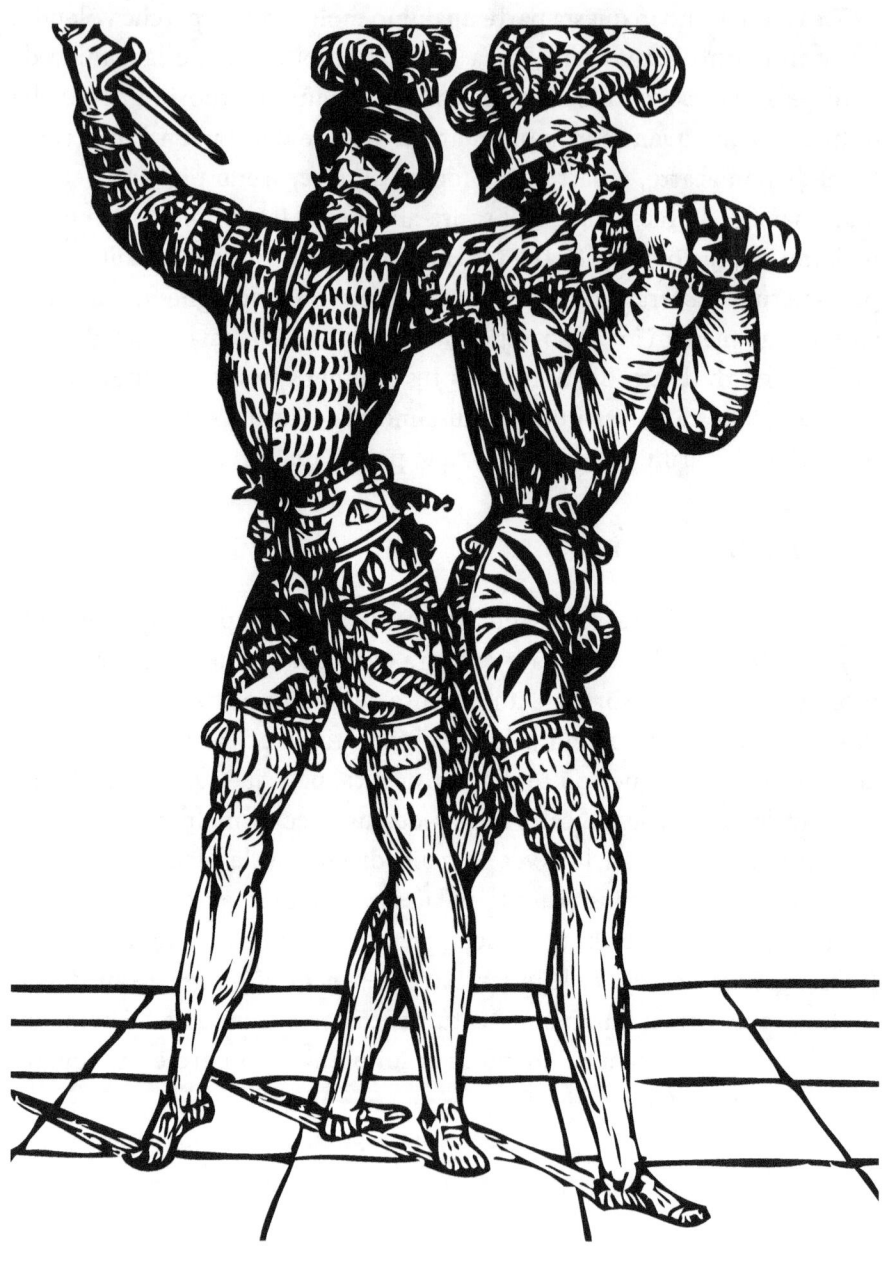

Presa XX.

Sara un bel dubio, & cosa gientile advertire in questa vigesima presa come far si debbe uno armigiero Cavaliero, a diffenfarsi da uno suo inimico, che scontro di lui venisse per amazarlo,

ho quanto havemo da considerare, che volendo senza pericollo andare aritrovare un huomo suo inimico per amaciarlo securamente, molto prima pensare si debbe fondatamente con gran vantagio, e ingiegno con arte usare non temendo, & non pensando gia al pericollo, si ben astimarlo, ma non per paura, ma per meglio suo potere superarlo,

attento che venendo il detto inimico per sua coperta, col bracio suo mancho inance venendo, & sinistra gamba, gietando lui in tal venire, la sua mancha mano in lo tuo capecio davante, tenendoti stretto per amazzarte, o darte de le ferite, allhora con prestezza tu te deffenserai, pigliando del detto el mancho bracio con ambe due le man tue, pirlando subito & voltandoti a un tempo in su ituoi piede, intendendosi che la facia tua sia volta al contrario de quella del tuo inimico, et facendo questo, la schiena sua sara voltata verso la schiena tua, et per questo pigliare, et voltare che tu havera fatto il bracio suo sinistro, sara in se la spalla destra tua, in questo subito atto non temendo niente a fare questa gienerosa Presa, perche superarai il tuo inimico, e romperagli il bracio, & faraglie una grande offesa.

ACHILLE MAROZZO

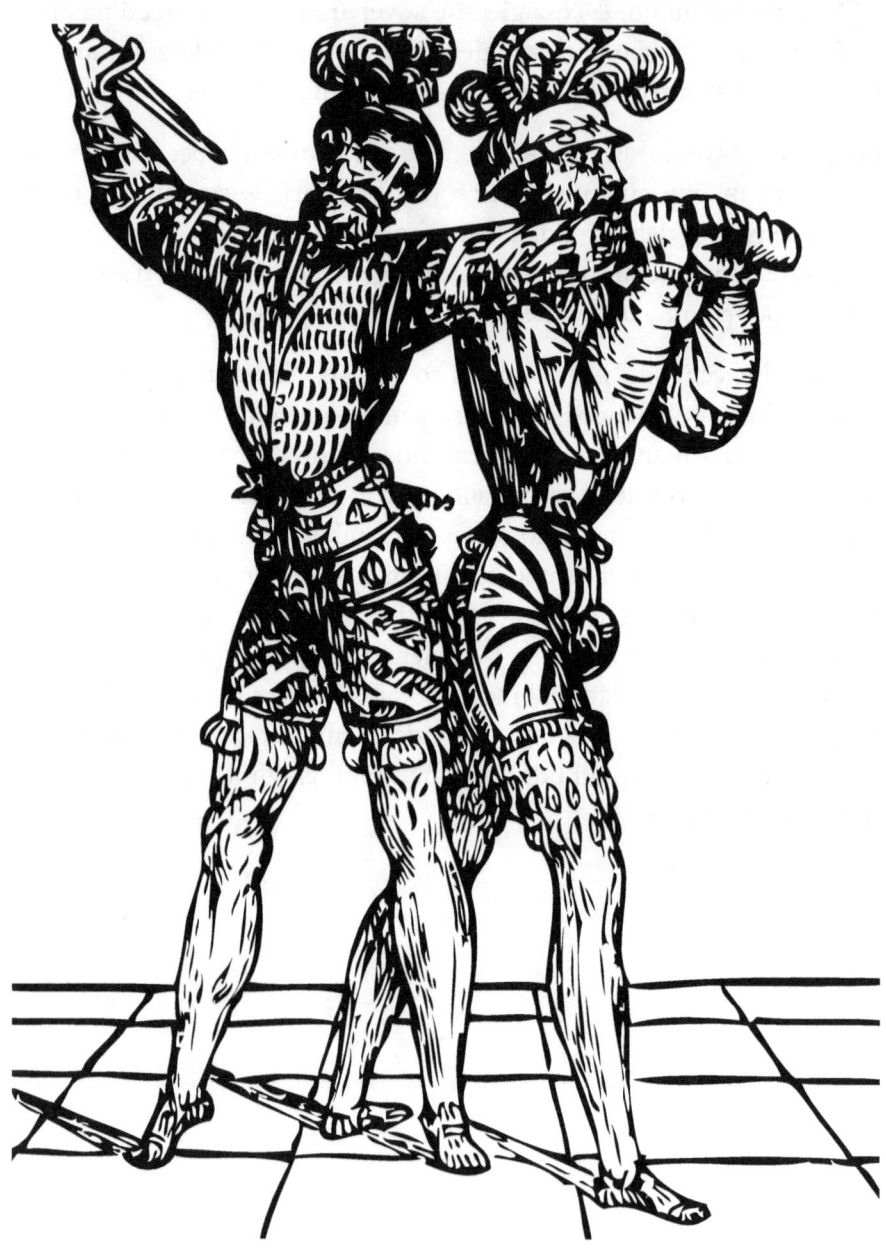

Vingtième prise.

Il sera un bien certain et une chose élégante d'avertir dans cette vingtième prise comment faire si un gentilhomme armé doit se défendre d'un ennemi qui vient à son encontre pour l'attaquer.

Nous devons considérer qu'un homme voulant tuer son ennemi de façon sûre et sans danger, en premier il doit bien penser comment utiliser l'art intelligemment et avec avantage sans crainte du danger, mais en le calculant, non par peur, mais pour mieux le surpasser.

Sois attentif à quand vous voyez venir l'ennemi avec le bras gauche et la jambe gauche en avant pour se protéger, et te jetant sa main gauche à ton col dans sa venue pour te tenir bien serré et t'attaquer ou te donner des frappes. Alors avec rapidité tu te défendras en prenant ce bras gauche avec tes deux mains, tournant aussitôt dans un temps sur tes pieds, comprends que ta face est à l'opposé de celle de ton ennemi, et en faisant cela, son dos sera tourné vers ton dos. Et par ce tour que tu auras fait, son bras gauche sera sur ton épaule droite. Avec cette façon rapide et sans aucune crainte, tu feras cette prise généreuse parce que tu surpasseras ton ennemi, tu lui casseras le bras et lui feras une grande offense.

ACHILLE MAROZZO

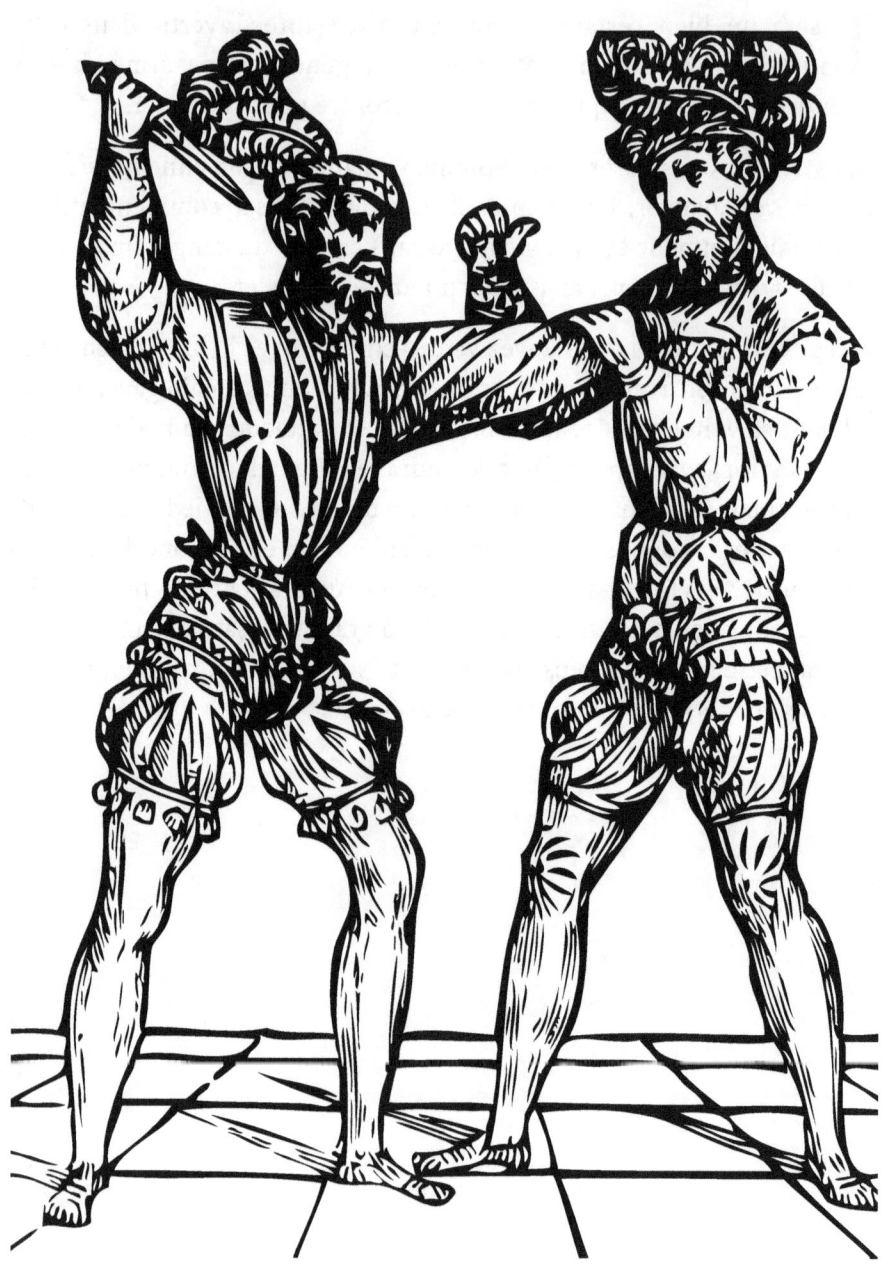

Presa XXI.

Descriveremo come diffensar si debbe uno in questa vigesima prima Presa, havemo da pensare sutilmente che venendo un tuo inimico deliberatamente per amaciarte, o darti delle ferite con una Daghetta, come qua sono dipinti, vedendo questo tu ti reparerai, pigliando quel bracio che t'ha meso nel petto con la man tua mancha, e con il bracio dritto gli darai percosa tenendo el pugno stretto come tu vede, & dagli forte, nel suo bracio sinistro, e serai disolto dal sopra detto tuo inimico, galante, e polito.

Vingt-et-unième prise.

Je décris comment quelqu'un doit se défendre dans cette vingt-et-unième prise. j'ai à penser très subtilement que ton ennemi venant délibérément pour te tuer ou te donner un coup avec une dague comme dépeinte ici, toi voyant cela, tu te défendras en prenant le bras que celui-ci t'a mis à la poitrine avec ta main gauche, et avec le bras droit tu lui donneras une percussion en tenant le poing fermé comme tu vois, et tu la lui donneras fortement sur son bras gauche. Tu te seras ainsi défendu de cet ennemi, élégamment et proprement.

ACHILLE MAROZZO

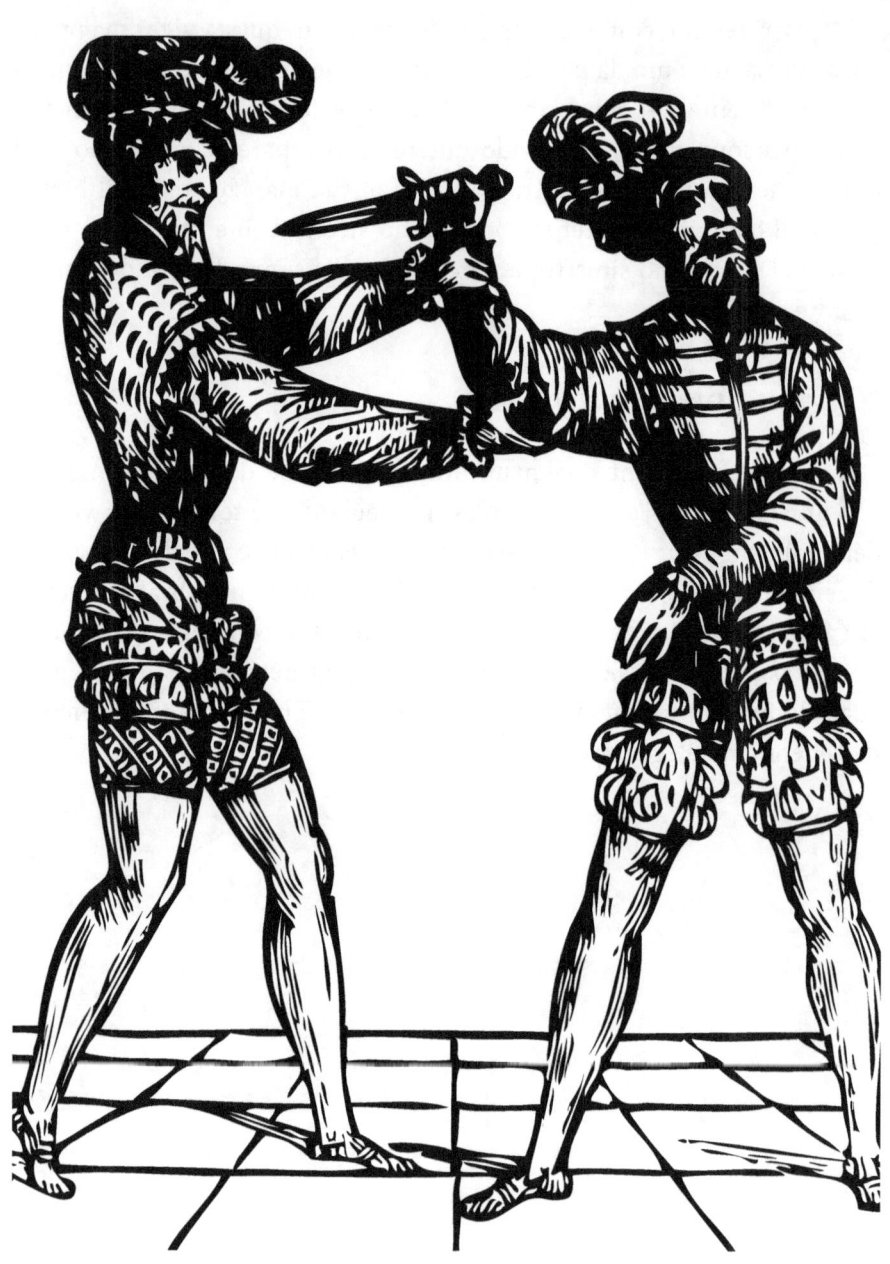

Presa XXII.

Diremo in questa ultima presa poche cose, perche inverita sono fastidiose da componere, e volere narare di punto in punto ogni cosa, seria tropo longho el scrivere, ma per non dare tropo tedio alle persone che qui legierano, diremo a voi M. Giovani Battista come figlivolo sopra nominato da i Letti de Bologna, che essendo voi senza armi in mano, & che uno venisse a voi con uno Pugnale, o Daghetta sopra man per amazarvi, eglie di bisogno che voi vi diffendiati, pigliando con la man manca vostra, il bracio destro dello inimico vostro, apresso el pugno, e con la dritta man pigliareti il detto bracio, e il gombito al sopra detto alla roversa come voi vedeti con ambe dua le mane, storcendo una infora, e laltra inentro, e quando voi farete questo, serete inanti col lo pie sinistro, e storcendo forte rompereti el bracio dritto allo inimico, e togliendoglie l'arme incontinenti, e potrete dare a lui delle ferite, & qui fine poneremo a queste Prese sopra scritte tutte quanto a laude, et gloria del padre, e Figliolo, e spirito santo.

ACHILLE MAROZZO

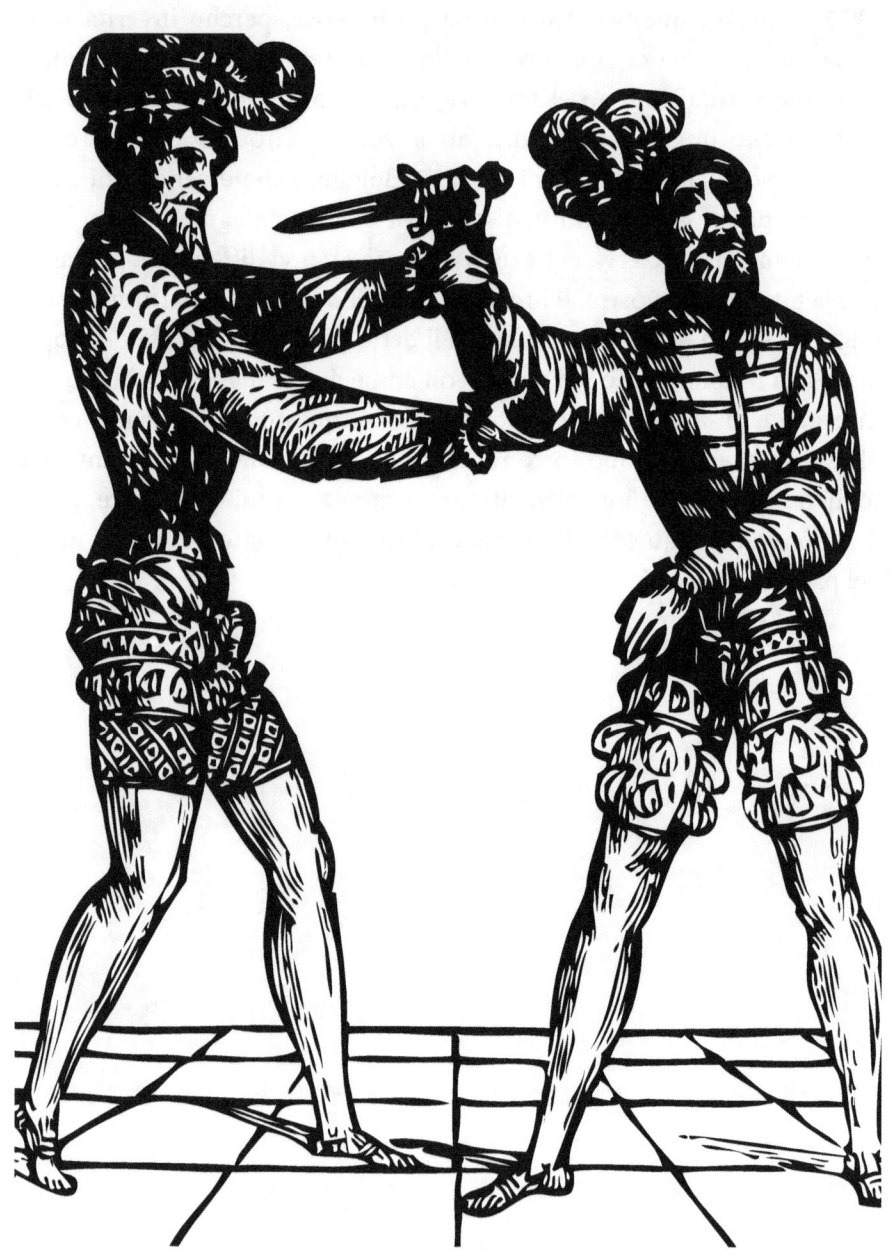

Vingt-deuxième prise.

Je dis dans cette dernière prise peu de paroles parce qu'en vérité elles sont fastidieuses à composer. Et à vouloir narrer de point en point toutes les choses, cela serait trop long à écrire. Mais pour ne pas donner trop d'ennui aux personnes qui liront, je vous dis M. Giovani Battista, comme fils susnommé des Lecteurs de Bologne, que vous, étant sans arme en main et que quelqu'un vienne à vous avec le poignard ou la dague par-dessus la main pour tuer, il sera nécessaire que vous vous défendiez en prenant avec votre main gauche le bras droit de votre ennemi près du poignet. Et avec la main droite, vous prendrez ce bras et le coude de celui-ci à revers. Comme vous le voyez avec les deux mains, vous tordrez l'une vers l'extérieur et l'autre vers l'intérieur, et quand vous ferez cela, ayez le pied gauche devant. En tordant fortement, vous casserez le bras droit de l'ennemi, prendrez l'arme immédiatement et vous pourrez lui donner un coup. Et ici, je finis ces prises écrites ci-dessus, tout à la louange et à la gloire du Père, du Fils & du Saint-Esprit.

ACHILLE MAROZZO

GLOSSAIRE

Voici un glossaire des termes techniques laissés en italiens dans la traduction.

Fendente : fendant, frappe de haut en bas à la verticale.

Manritto : maindroit, frappe de la droite vers la gauche.

Porta di ferro larga : porte de fer large.

Punta : pointe, frappe d'estoc.

Punta ritta : pointe droite, frappe d'estoc partant du côté droit

Punta roversa : pointe reverse, frappe d'estoc partant du côté gauche

Roverso : revers, frappe de la gauche vers la droite.

OPERA NOVA

LES GARDES

Vous trouverez ci-après les illustrations des gardes issues du second livre de l'*Opera Nova* de 1536. Celles-ci ont été classées par famille, les gardes hautes puis les gardes basses, et regroupées ensuite suivant leur type.

ACHILLE MAROZZO

GUARDIA ALTA

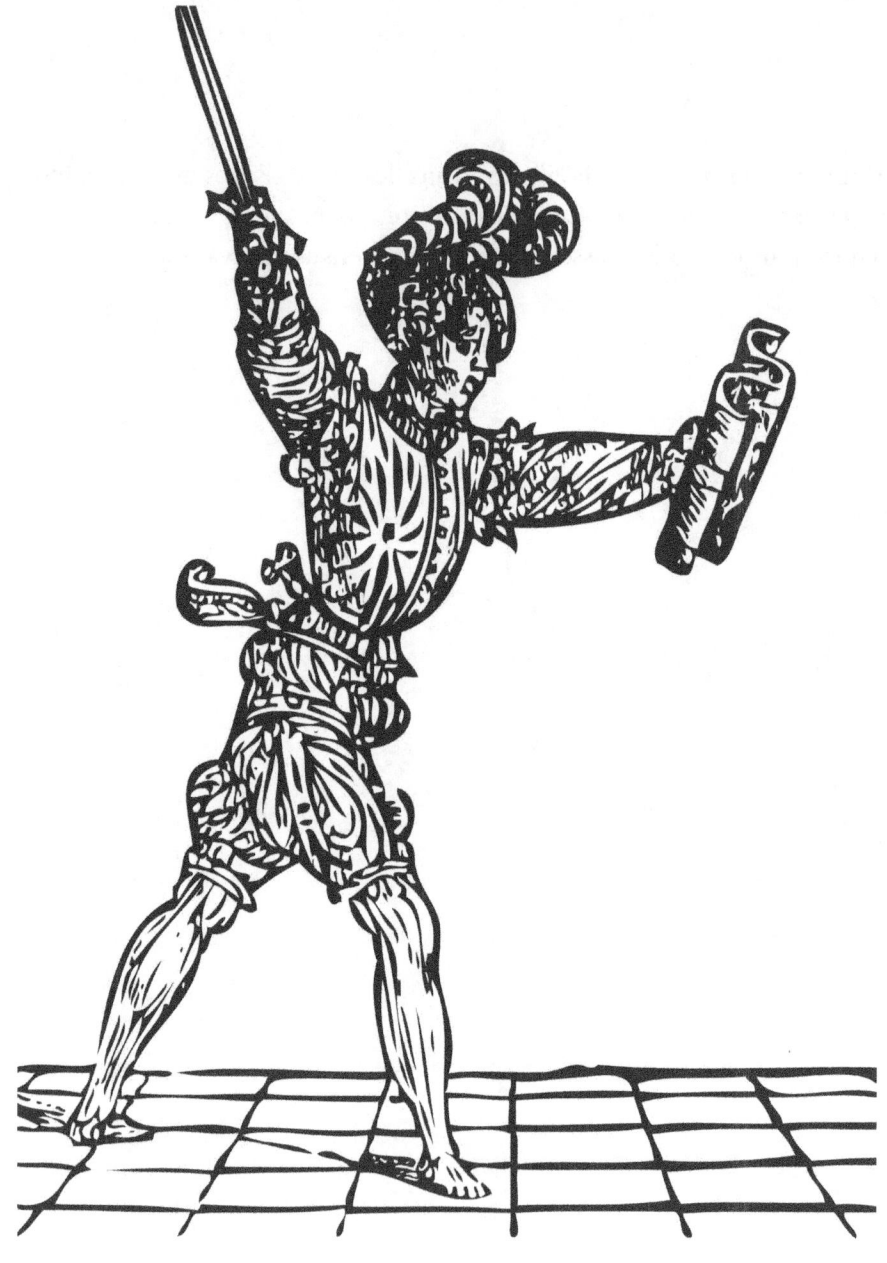

OPERA NOVA

GUARDIA DI TESTA

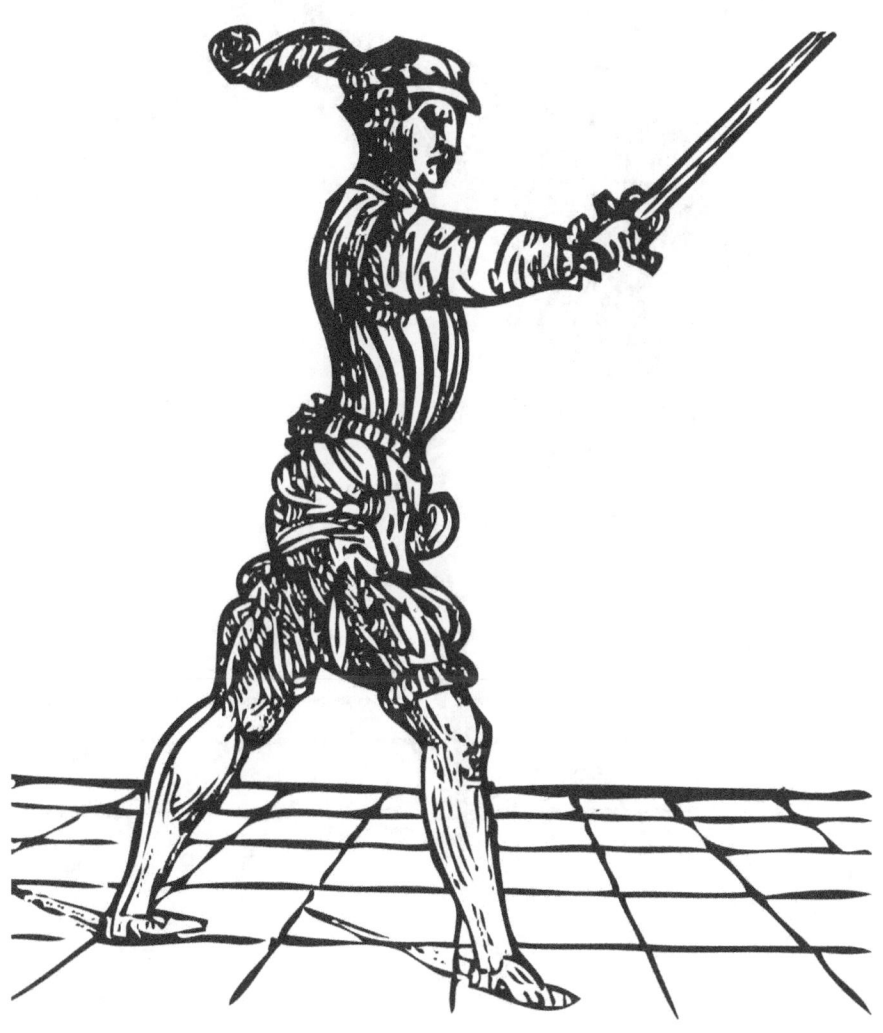

ACHILLE MAROZZO

GUARDIA DI BECA CESA

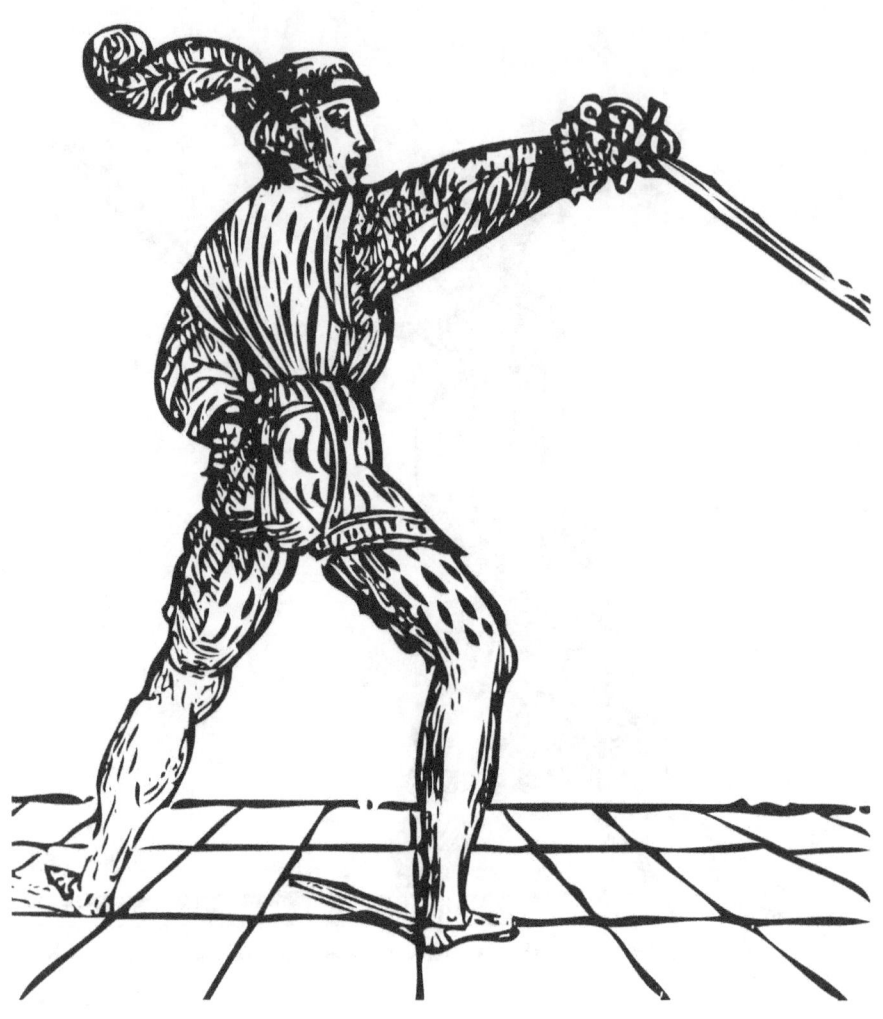

GUARDIA DI BECA POSSA

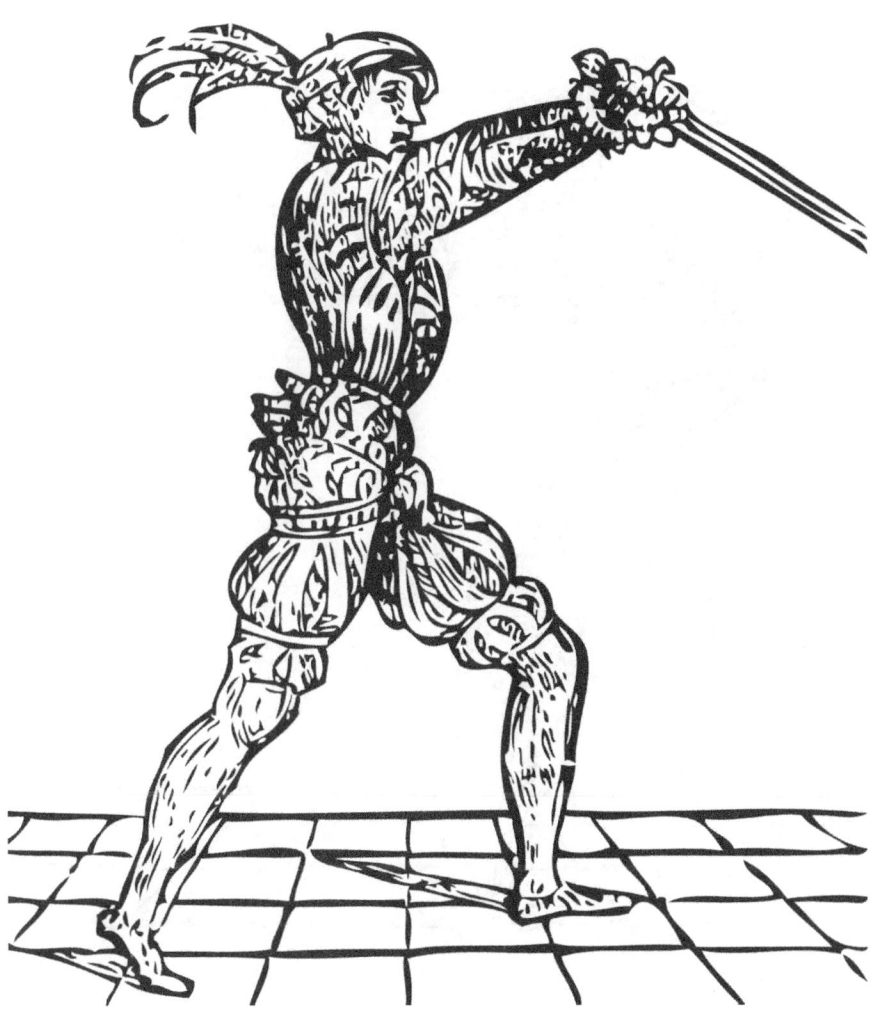

ACHILLE MAROZZO
GUARDIA D'INTRARE

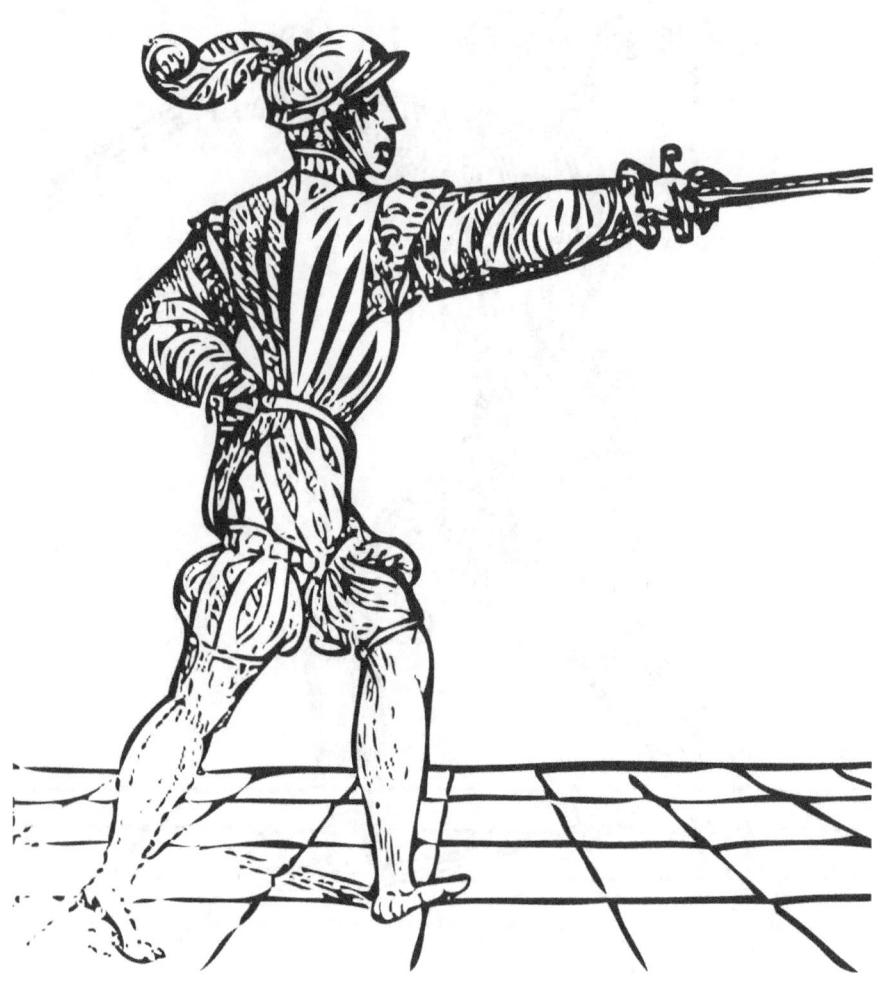

OPERA NOVA

GUARDIA DI FACCIA

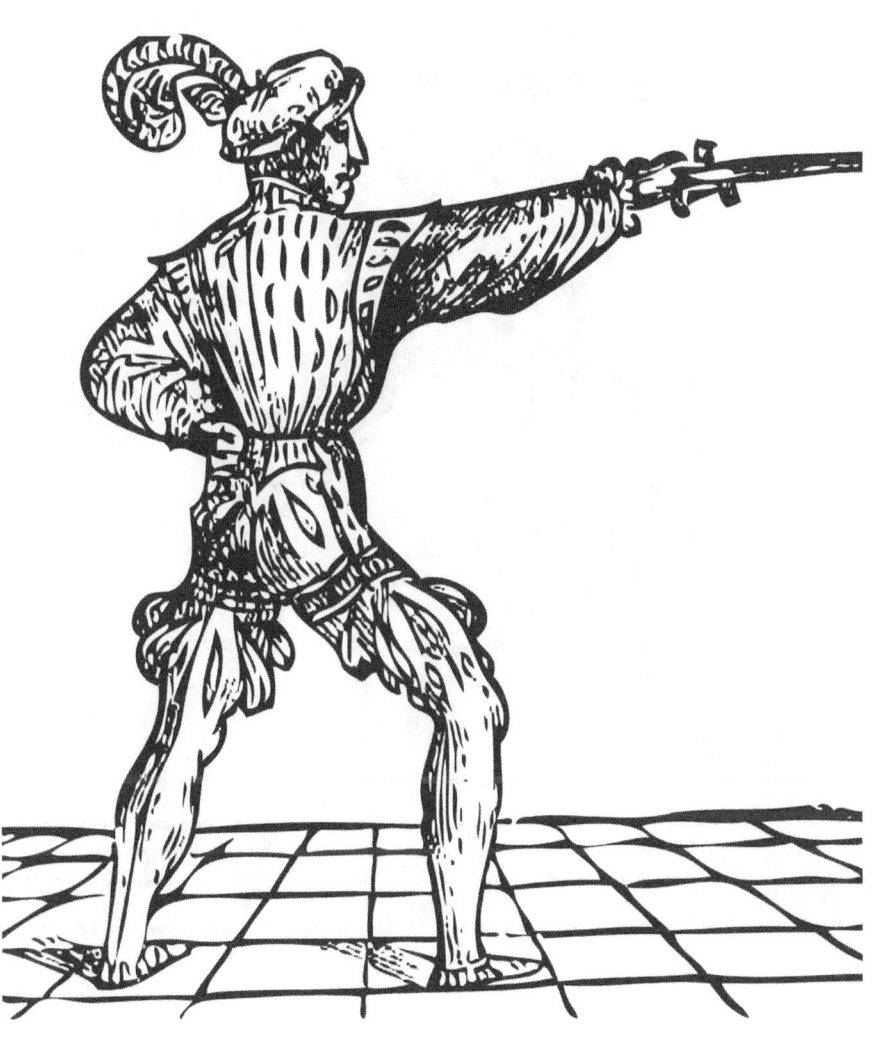

ACHILLE MAROZZO

PORTA DI FERRO

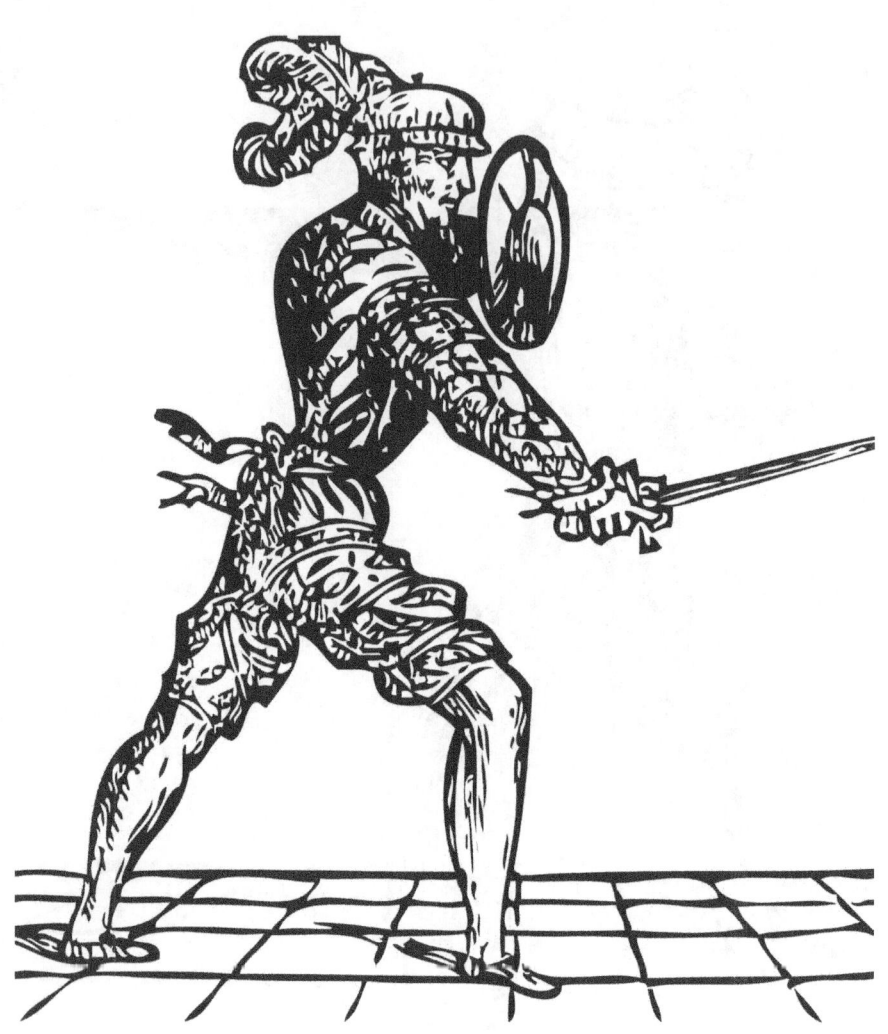

OPERA NOVA
CINGHIARA PORTA DI FERRO

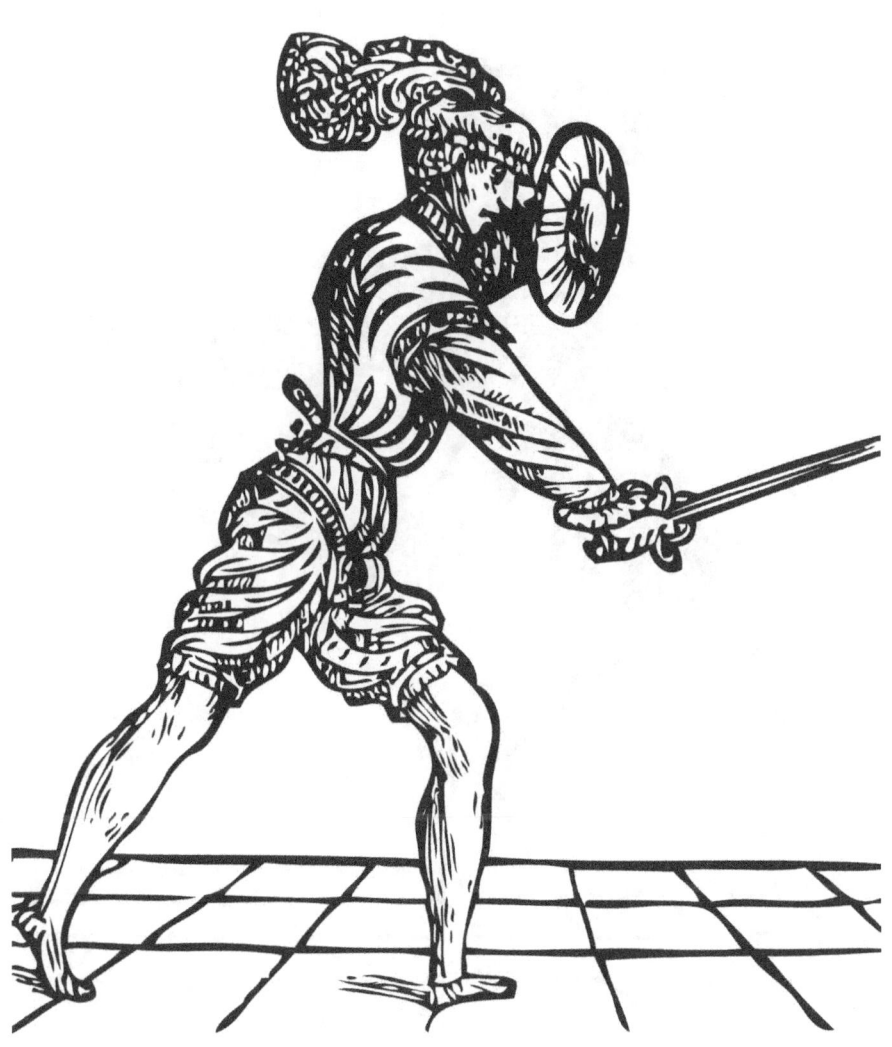

ACHILLE MAROZZO

CODA LONGA E STRETTA

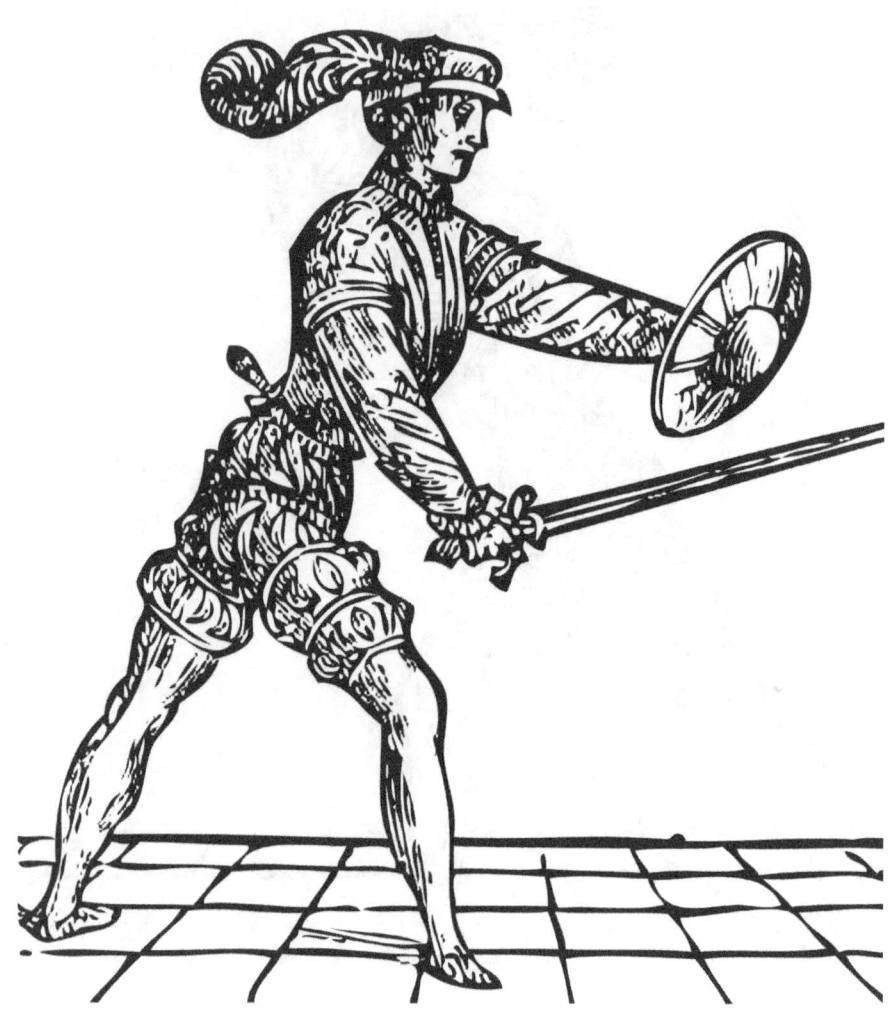

CODA LONGA E ALTA

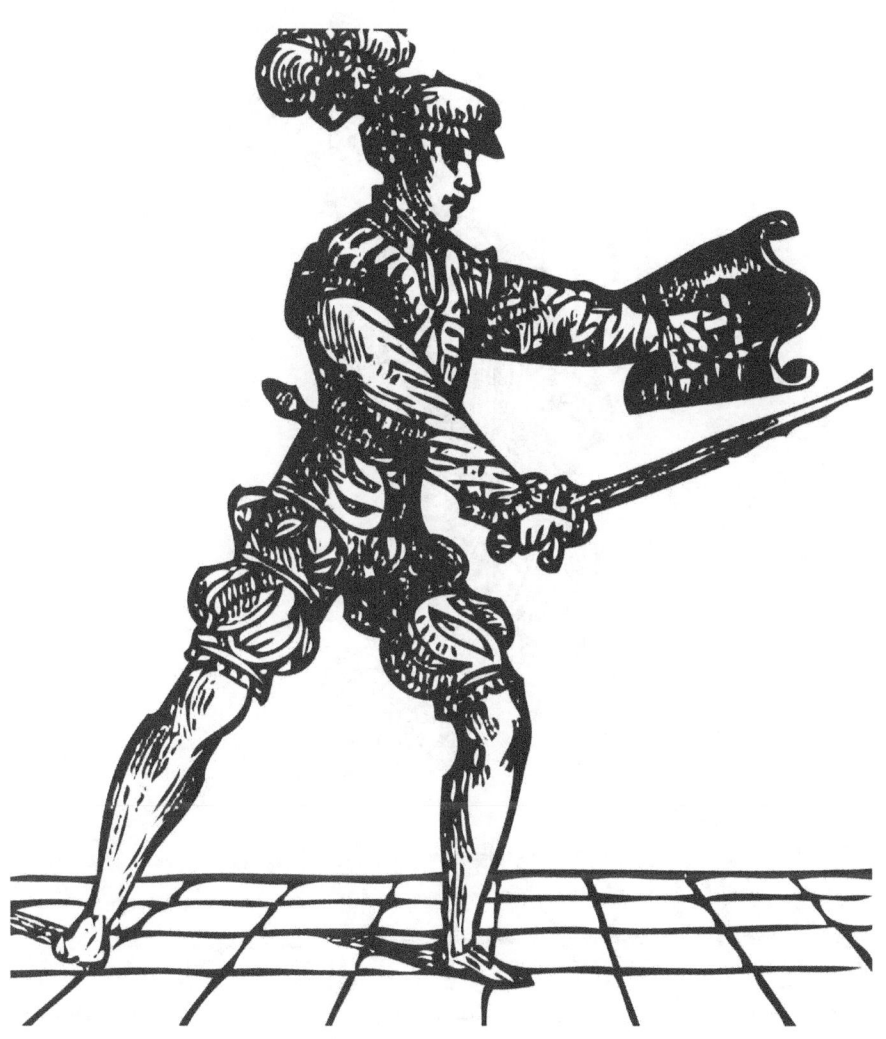

ACHILLE MAROZZO
CODA LONGA E LARGA

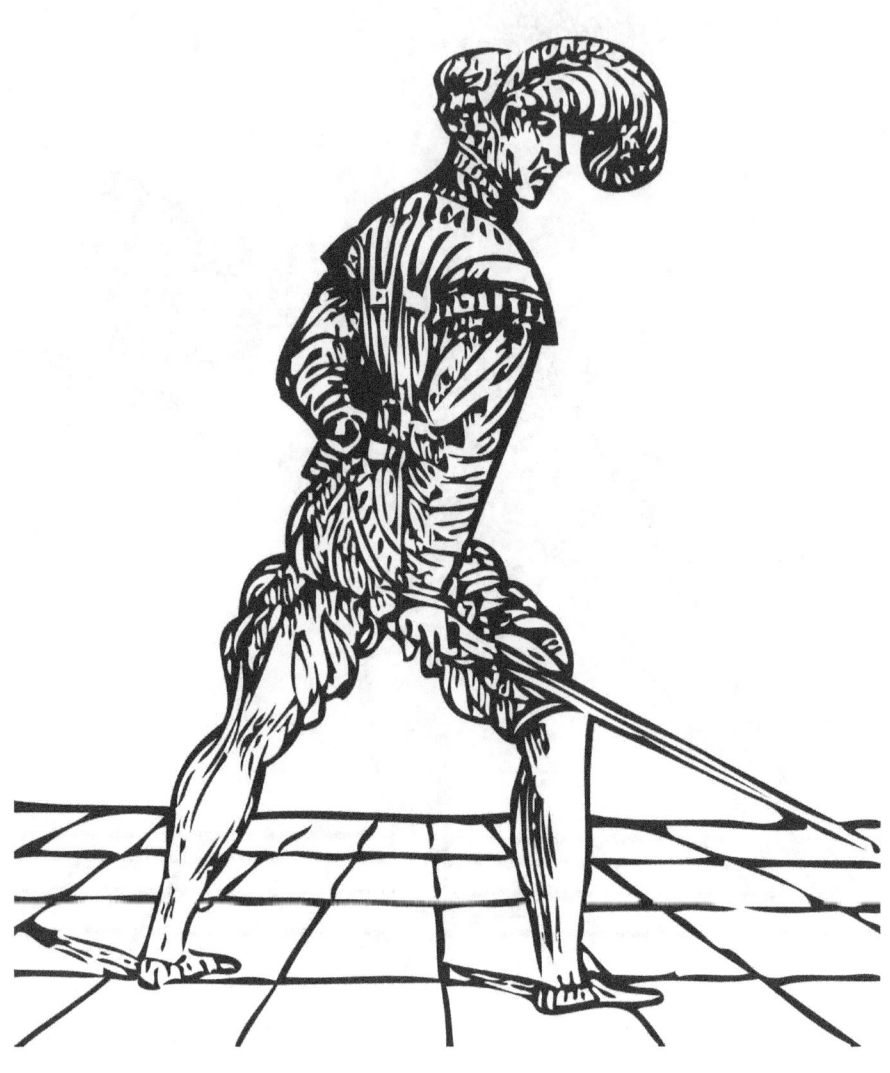

CODA LONGA E DISTESA

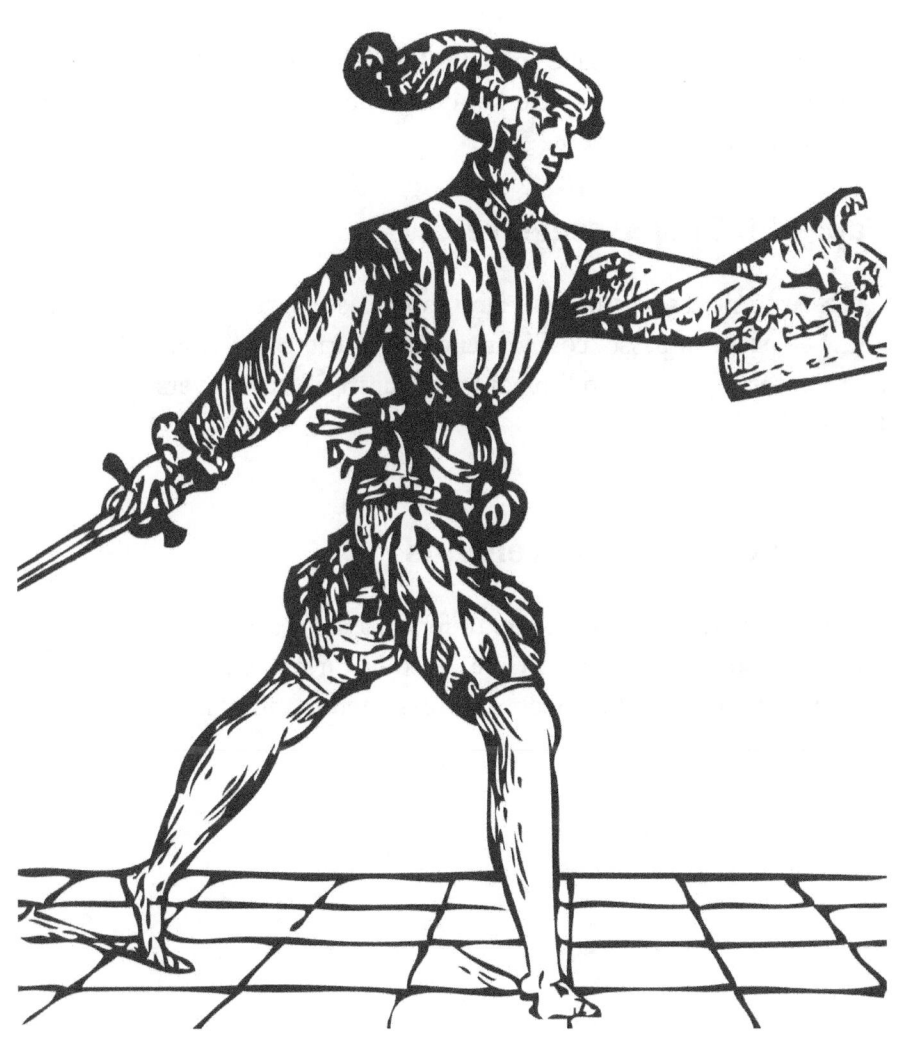

SCHÉMA DES DÉPLACEMENTS

Vous trouverez sur la page suivante le schéma des déplacements dont Marozzo parle dans le chapitre 1 et qui est donné au chapitre 144 dans le second livre de l'*Opera Nova*.

Cap. 144. Del passeggiare.

Questo sie el segno dove tu farai sopra passegiare li detti tuoi scholari de passo in passo, cosi inanci come indrieto con le armi in mano, atorno atorno, mettendo li piedi in su questi fili che traversano li segni tondi.

Chap. 144. Des déplacements.

Ceci est le schéma sur lequel tu feras passer tes élèves de pas en pas, en avant comme en arrière, avec les armes en main, tournant, retournant, mettant les pieds dans ces mêmes fils qui traversent les dessins ronds.

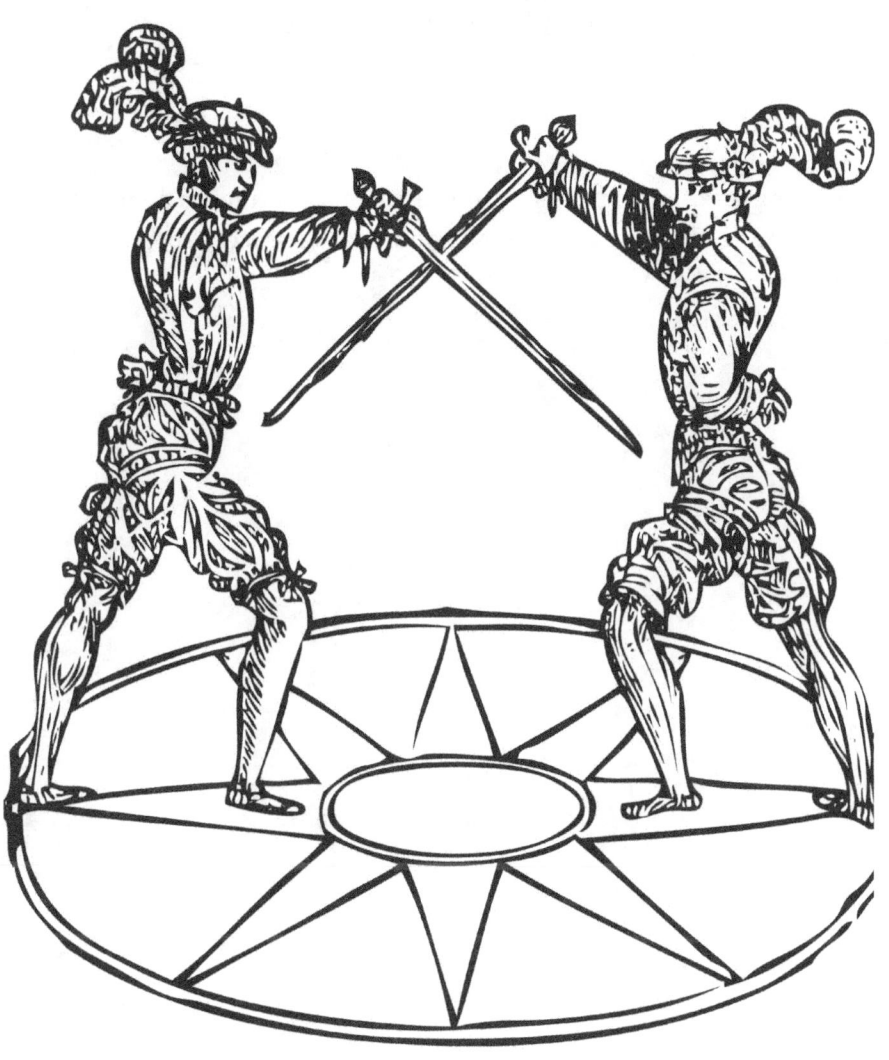

ACHILLE MAROZZO

SCHÉMA DES FRAPPES

Vous trouverez sur la page suivante le schéma des frappes dont Marozzo parle dans le chapitre 1 et qui est donné dans le second livre de l'*Opera Nova*.

OPERA NOVA

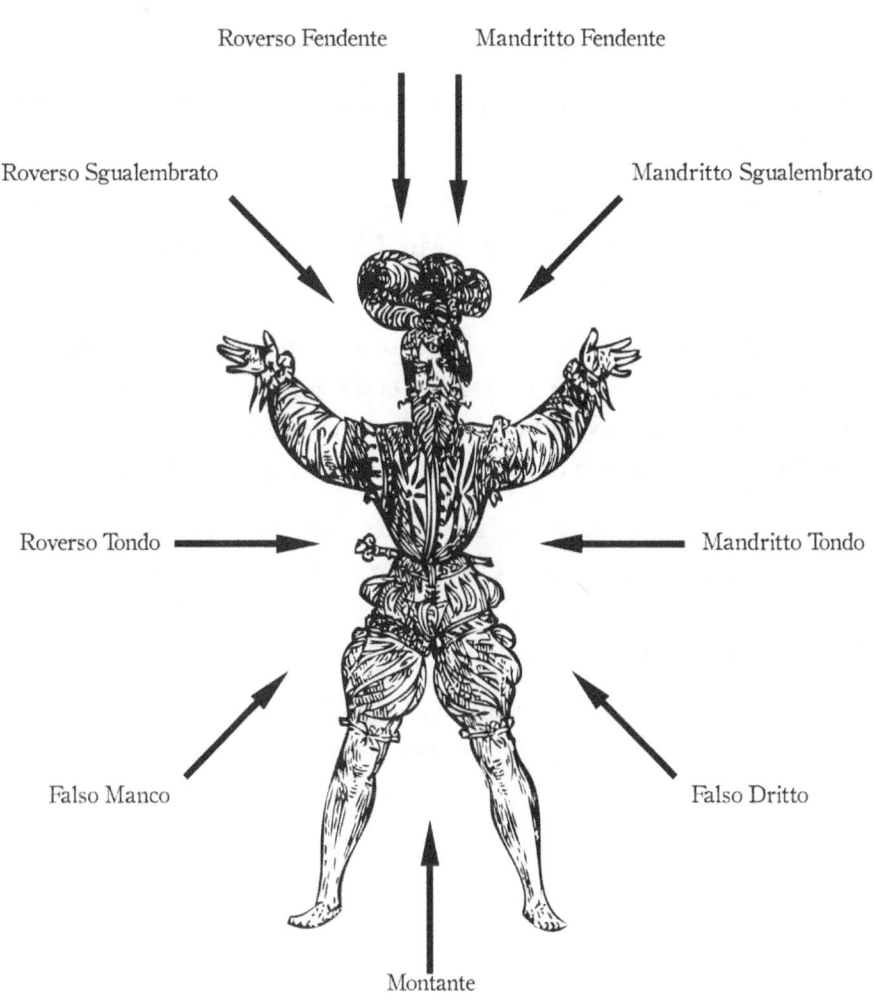

ACHILLE MAROZZO

NOTES SUR LA TRANSCRIPTION

La traduction est ici proposée accompagnée de la transcription du texte original en italien.

Cette transcription est basée sur l'édition de 1536 de l'*Opera Nova*, publiée à Modène, et mise en ligne par le Munich Digitization Center (http://www.digitale-sammlungen.de).

Bien qu'essayant de rester au plus proche du texte original, il a fallu faire quelques concessions afin de rendre cette transcription lisible. Ainsi les abréviations latines n'ont pas été conservées, par exemple *cō* a été remplacé par *con* . Les *u* ont été remplacés par *v* quand nécessaire.

Les séparations de mots sont parfois faites dans le texte d'origine à l'aide des caractères suivants : . / : , qui ont été remplacées par des espaces en conséquence. J'ai maintenu les autres ponctuations quand elles étaient adjointes à un espace dans le texte original.

Enfin, j'ai préservé les majuscules en dehors des débuts de paragraphe où les premiers mots sont parfois entièrement en majuscule.

OPERA NOVA

NOTES SUR LA TRADUCTION

Il a été décidé volontairement de laisser les termes techniques en italien, notamment les noms des gardes et des frappes, car la traduction ne me semblait pas pertinente. De plus, cela nous sert de rappel à chaque instant de l'origine de cet art. Mais vous noterez que la traduction de ces termes est proposée dans le glossaire.

L'orthographe à cette époque n'étant pas encore fixe, j'ai par contre harmonisé l'écriture de ces termes sur la version la plus moderne existante, ainsi les *megio* deviennent *mezzo* par exemple. J'ai par ailleurs harmonisé les temps de conjugaison et simplifié certaines lourdeurs et répétitions du texte original.

Je n'ai pas non plus respecté les paragraphes originaux, j'ai préféré redécouper le texte par groupe d'actions communes afin d'être plus facilement lisible. La mise en page de la transcription a été adaptée en conséquence.

ACHILLE MAROZZO

REMERCIEMENTS

Je tiens d'abord à remercier ma compagne Catherine Loiseau qui m'a soutenu tout au long de la réalisation de cette traduction et qui m'a aidé avec ses conseils de traductions et ses corrections.

Je remercie Rachel Fleurotte pour son travail de relecture et de correction.

Je remercie Devis Carli pour son aide pour la traduction.

Je remercie Bruno Castille pour son travail sur toutes les illustrations qui sont présentes dans ce livre.

Je remercie tous les membres du REGHT et des Arts d'Athéna avec lesquels je travaille régulièrement et qui m'aident à la compréhension de cet art.

Enfin, je remercie les membres du cercle Bolonais qui contribuent à la traduction des autres sources bolonaises et dont le travail m'est précieux.

OPERA NOVA

A PROPOS DE L'AUTEUR

Aurélien a commencé la pratique des AMHE (Arts Martiaux Historiques Européens) en 2010 après quelques années d'escrime artistique. Son intérêt principal est tradition bolonaise qu'il essaye de diffuser le plus largement possible que ce soit à travers les traductions des traités de celles-ci, par des ateliers sur les différents stages AMHE ou encore par des articles sur son site nimico.org.

Il est aussi instructeur dans l'association REGHT (**reght.fr**) où il enseigne l'escrime bolonaise dans les diverses armes de la tradition : épée bocle, épée à deux mains, épée dague et armes d'hast.

Aurélien est aussi membre du collectif Les Arts d'Athéna, cercle de recherche, de reconstitution, d'expérimentation et de promotion de la res militaria historique.

Du même auteur :

Opera Nova d'Antonio Manciolino, 2015

Opera Nova - Livre 1 d'Achille Marozzo, 2016

Plus d'informations sur l'escrime italienne de la Renaissance :

http://nimico.org

www.ingramcontent.com/pod-product-compliance
Lightning Source LLC
Chambersburg PA
CBHW070251230526
45470CB00002B/561